国家出版基金项目
NATIONAL PUBLICATION FOUNDATION

东北流亡文学史料与研究丛书·史料卷

落英无声
——回忆我的双亲罗烽白朗

金玉良 著

北方联合出版传媒(集团)股份有限公司
春风文艺出版社
·沈阳·

主　编　张福贵
史料卷主编　李霄明

图书在版编目（CIP）数据

落英无声：回忆我的双亲罗烽白朗/金玉良著．—
沈阳：春风文艺出版社，2020.6（2024.1重印）
（东北流亡文学史料与研究丛书）
ISBN 978 - 7 - 5313 - 5839 - 8

Ⅰ．①落… Ⅱ．①金… Ⅲ．①罗烽 — 传记 ②白朗 — 传
记 Ⅳ．①K825.6

中国版本图书馆CIP数据核字（2020）第163853号

北方联合出版传媒（集团）股份有限公司
春风文艺出版社出版发行
沈阳市和平区十一纬路25号　邮编：110003
河北浩润印刷有限公司印刷

责任编辑：姚宏越　刘　维		责任校对：曾　璐	
封面设计：马寄萍		幅面尺寸：155mm × 230mm	
字　　数：150千字		印　　张：10.5	
版　　次：2020年6月第1版		印　　次：2024年1月第2次	
书　　号：ISBN 978-7-5313-5839-8			
定　　价：49.80元			

版权专有　侵权必究　举报电话：024-23284391
如有质量问题，请拨打电话：024-23284384

目　录

一　青梅竹马　两小无猜

　　爸爸、妈妈的婚姻没有太多的卿卿我我，也没有更多的罗曼蒂克。踏踏实实的生活多于浪漫的情调，道德上的责任多于情感上的缠绵，他们的婚姻纯属东方传统型的。他们彼此相敬如宾，是夫妻，是战友，更像师生，妈妈一直把爸爸视为老师和领路人。他们六十多年的婚姻生活大多是在动荡的年代里度过的。诚然，这生活中有欢愉、有幸福，但也有痛苦、有波折，甚至有危机。他们长期处于紧张而不安定的氛围中，政治上、精神上受到沉重的压抑，势必影响到他们的心理和生理，影响到他们的家庭生活。

　　1941年年初，妈妈到延安犹如一只小鸟飞入广阔的天地。她要展翅翱翔，她要奋发工作。然而，她发现自己的手脚常常被孩子所羁绊，好不烦恼。哪有母亲不爱孩子的，但她也渴望工作。在哈尔滨，在上海，由于接连怀孕生孩子，她比喻自己像易卜生笔下的娜拉。这种悲剧意识没完没了地压迫、折磨着她。为了纪念夭折的儿子，妈妈怀着歉疚、自责而又矛盾的心情在《珍贵的纪念》一文里写道：

　　　　我没有母性，怕骚扰，爱孤独。尤其讨厌那呱呱乱叫的孩子，别人誉为"安琪尔"的可爱孩子，在我看来却不过是一个女人的累赘。无论怎样有希望的女人，一生孩子，她的自由会被孩子束缚住，她的意志会消磨净尽了，她会变成一个孩子的奴隶，永不解放。

现在"回家"的娜拉要再度走出家门，她要去医院做绝育手术，从此，做一个自由的女人。

初到延安，爸爸、妈妈有时去毛泽东主席家做客，所以妈妈和江青也时有往来。女人碰在一起，嘴上往往离不开家务、孩子。妈妈十七岁结婚，十年间，前前后后共怀孕七次，前边的五个孩子除一个由于庸医误诊小产外，其他四个也相继夭亡。战争年代对于一个投身革命的女人来说最大拖累莫过于生儿育女。闲聊中，江青说她生下女儿便做了绝育手术。多年来，妈妈一直梦想争得自我解放。她也想做绝育手术！可心里仍然七上八下顾虑重重，怕婆母不同意，怕丈夫不理解。她自己悄悄去医院，当大夫问家里意见时，她谎称家里都同意，就这样办了住院手续。那时延安条件十分艰苦，住中央医院也是病人自带行李。这下可难坏了妈妈，全家老少三代五口人只有两床被子。因为没有被子，妈妈迟迟住不进医院。毛泽东知道后让江青送去一床新棉被。当然，这样的大事终归瞒不过家人，爸爸知道后并没有怪罪妈妈。他知道妻子接连怀孕、生育吃尽了苦，不能再让她受苦了。爸爸完全理解妈妈的心情，他尊重妻子的决定。

当时，妈妈只有二十九岁，爸爸也才三十岁出头。他们顾前不瞻后，以后会怎样谁都不曾想过。当孩子们都长大成人了，该谈恋爱成家了，爸爸、妈妈以"过来人"的身份叮嘱子女该怎样或不该怎样。爸爸告诫女儿，婚后即使有了孩子不想继续生育也不要做绝育手术。话虽然不多，但浸透着他的生命体验却是沉重的、苦涩的。

然而，无论怎样，爸爸在妈妈眼里永远是自己革命的引路人。而妈妈在爸爸心中仍然是三姨家的二表妹，始终对她关爱有加。爸爸在生命的最后几个年头，病情越来越严重，整日昏昏沉沉、糊里糊涂，可他记着妈妈爱吃干果而满口假牙没办法嗑，就常常拿着小锤子把榛子、核桃一个个地砸开，送到妈妈面前。

1991年，爸爸逝世前一两个月，神志完全不清，连大小便也常常失控。但他每天仍然穿过客厅，跌跌撞撞地走到妈妈的病床前，下意识地替她掖掖被角，"整理整理"床头柜上的杂物。妈妈总是眼含泪花接受爸爸所做的一切……那情景谁见了都会揪心一般的疼痛！

爸爸、妈妈是姨表兄妹。他们的母亲是姐妹，外祖母排行老三，祖母是老四。爸爸、妈妈都算沈阳人，但他们的根并不在东北。据说妈妈的老家在山西，但具体在什么州什么府，什么时间到沈阳，她也说不清。妈妈本姓刘，名东兰。她祖父刘紫阳是名闻遐迩的中医。因早年治好蒙古达尔罕王的病被推荐给黑龙江督军吴俊升做军医处长。父刘瑞臣早亡，曾在沈阳督察处工作，也善医术。

爸爸原名傅乃琦，字玉璇。祖籍山东蓬莱。顺治八年傅家一脉背井离乡漂泊渡海，落脚今天沈阳近郊苏家屯。他祖父经常在城乡骡马市场给买主相马，也兼给骡马治病。他父亲名春圃，字景林。早年爸爸的家境贫苦，妈妈对我讲："……你爸爸前边有个女孩子，活两三岁死了。后来生你爸爸，乳名大存。你奶奶可苦了，生头胎时在苏家屯乡下。听老人讲四壁皆霜，跟前一个人也没有，自己咬断脐带，连个接生婆都请不起。老太太刚强，在上海老太爷知道你爸爸还搞地下党的活动和你爸爸生气离家出走的那么多年，你奶奶没说过一句埋怨的话。当然她知道不怪你爸爸，跟着我们东奔西走吃了不少苦。老太太没念过一天书，但后来能看书读报。"妈妈和爸爸一样孝敬祖母，祖母在世时一直祖母管家。

爸爸生于1909年12月13日，祖母因家庭生活贫穷、身体瘦弱，无奶水，是靠高粱米汤代替母乳喂养爸爸的。家中生计最初是靠祖父母替人家糊裱布钱包、火柴盒，给裁缝店缝皮子、锁扣眼……勉强得以糊口。爸爸曾说："小孩子的天职就是玩耍，但是母亲绝对禁止我和街坊的孩子们胡闹，母亲训练我充当家庭的小勤务，打扫卫生、跑街，除了不挑水什么活都帮母亲做。"

爸爸是独生子，家里除了两副悲苦的面孔外，绝难找到得以娱乐的事物。他有时违反母亲规定的纪律，逃开监视去寻求小孩子理想的生活。这种举动只要被祖母发觉，他就要受到严酷的家法的，"碰上六姨在，不但不拉着还会帮助母亲一起打。母亲是恨铁不成钢啊！"他不屈服于这种家法，以无言的愤怒代替反抗。祖母对于他的顽强态度越发生气和伤心。祖母痛打他之后，自己常常悲痛地流着绝望的泪。然而，祖母的泪并不能感动他使他成为一个忠诚、顺从的小勤务，反而刺激了小孩子的逆反心理，使他更好斗起来。他六七岁的时候入了私塾，整天跟一个糟老头子哼着"孟子见梁惠王"，他认为这又是一座新监牢，但是他却不甘愿做"逃学鬼"，只得委曲求全地安于那种环境。但是，为了发泄好斗的愿望，他参加了征服"敌人"的"军队"。战士多半是和他住在同一城关的孩子，他们的战场是在大西关和小南关交界处的风雨台。他们使用的武器是弹弓、袖箭、石块和棍棒等。在无数次的鏖战中表现了他的勇敢善战，负伤流血在所不顾。后来就被推为"军队"的领袖，屡败"敌人"，于是英雄的名声在孩子们的口里传播开来了，他也俨然以一个小李广自居。但老年的街坊们却辱骂他为"饿子"，这个名词在他是无所谓的，祖父母却难以忍受。

这时候，祖父傅景林靠着苦苦自学的结果，考取奉天省立工业实验专门学校的书记员（也叫"录士"）。祖父融入新的社会环境，同时也有了定额收入，生活比较安定，于是在1917年爸爸被送到第一师范附属小学读书。他入小学后，祖父母改变了原来严厉的打骂政策，而用规劝、刺激、比较等方法使他努力上进。从这时候起他的生活天地发生了很大的变化。他接触了新的教育、新的伙伴，开始尝到父母的抚爱和温情，他好斗的癖性变得斯文而腼腆了。

爸爸所就读的学校是全省的模范校。校长李梦庚把学校办成类似国家的机构，校长当然是大总统，下设的官员和宪兵——童子军都是有钱有势的富家子弟，像爸爸这样的贫寒学生始终是被统治的老百姓。学校在高年级试行"道尔顿"制（有必修课和自选课）。这一制度给他很大的自由，可以放弃不爱好的课程而专攻喜爱的国文、图画、体育、音乐等课程。这也许就是他后来接近文学艺术工作的基础吧!

此时,他非常用功,放学回家匆忙吃过饭便开始温习功课,显得有些沉默寡言。他聪明伶俐,学什么像什么,外号"小精灵",课业完成之后,主动帮助母亲干家务。他家住在省议会附近,旁边有座教堂,老百姓叫它"小洋楼"。偶尔他也去小洋楼后院(菜园子)帮助老头儿侍弄菜,干零活。他截然不同的变化得到了亲朋好评,尤其三姨经常在儿女面前夸他,无疑他成为表弟、表妹心中的榜样。三姨有两个女儿:东芝、东兰,还有个小儿子肇元。三姨的公公刘紫阳是有名的中医先生,生活比较富裕,但刘家人丁不旺,只有一个儿子。他们家住小西关太清宫后面的天德店胡同,那里有里外三进的大院子。

爸爸的用功和寡言又引起祖父母新的担心,怕他变成书呆子,更怕他弄坏了身体,所以父母有时带他去亲戚家走动。

爸爸的父系和母系的亲戚很多,但爸爸说来往最勤的还数三姨家,母亲时常带他去三姨家。他和三姨家的孩子一块儿去小河沿、北陵或东陵郊游,和三姨家的表弟妹们在一起度过了许多天真欢乐的时光。大表妹东芝比他小半岁,二表妹东兰1912年8月20日生,他们大小差不多,有共同的玩兴和内容。东芝对表兄大存最好,明明是表妹却常像大姐姐事事照顾他、处处偏袒他。爸爸说,大表妹文文静静性格像林黛玉,二表妹像假小子。但二表妹崇拜表哥,佩服他点子多,也羡慕他伶俐过人,精通一切玩技。表哥踢起毽子花样翻新,抖起空竹令人眼花缭乱、目不暇接。不但能抖空竹,还能把壶盖抖得滴溜溜转。只要表哥来,她总是前后院子跟着。那个年代不要说大户人家的女孩子,就是一般人家也不能随便出去玩。对于东兰来说只有和兄弟姐妹在一起才能无拘无束地欢蹦乱跳,才能开心地嬉闹。童年的一切都是美好的,即使生气拌嘴,几十年后回忆起来也是甜蜜的。有一次东兰不知因为什么把表哥惹急了,表哥顺手举起竹竿打了她一竿子。这下可坏了,她哭着跑去找继祖母告状。为了这一竹竿,表妹记了表哥一辈子。六七十年后，妈妈卧病多年，有朋友说罗烽对白朗照顾得好，妈妈"不领情"地说："好什么好，小时还打过我一竹竿呢。"

1922年，妈妈的童年惨遭不幸。两三年前，祖父刘紫阳带着继祖母和姐姐东芝去黑龙江省督军署工作。1921年，患病的父亲瑞臣也到齐齐哈尔治病。转过年来，该换季了，也不见北边派人取衣服。她母亲放心不下，派听差（东兰表叔）去黑龙江看看。听差回来告诉少奶奶："人没了！"听此噩耗如同五雷轰顶。20世纪初，对中国女人来说死了丈夫不啻于天塌下来，她发了神经病。当时东兰十岁，弟弟肇元七岁。祖父看不行了，派人把孤儿寡母都接去。不久，刘紫阳为儿媳妇的四妹夫傅景林在黑龙江督军署军医处谋得主稿员（拟稿员）职务。是年冬，傅家三口也迁往黑龙江，住在督军署前面官舍胡同刘紫阳家里，虽然住的是厢房，但是不必出房银，这对于傅家的经济确有很大的帮助。同时表兄妹们又可以经常见面了。

1923年春季，爸爸考入黑龙江省立第一中学初中部。齐齐哈尔位于东北的边陲，由于军阀的统治，封建势力的根深蒂固，五四运动的波澜经过几年的荡漾，可以说在这死水般的所在没有激起一点涟漪。这里的文化等于漫天的风沙加上无边的黑暗。在他初中的三年中，外界发生许多变化，但他们仿佛是处在另一个星球上。大环境如此，小范围的情况也并不多好。他曾经讲，在中学最后的一位英文教员是他喜爱的人物之一，这位老师在"欧战"时做华工到过英、法两国。他在教文法分析时，以《西厢记》中的"月上柳梢头，人约黄昏后……"译成英文为例，这件事学校当局竟认为是诲淫诲盗的教育，几乎把那位教员辞退，由此可见学校的文化思想是与时代何等地背道而驰。在学校之外的社会生活中，他通过所见所闻清楚地认识到军阀是残暴不仁的，官僚是贪污腐化的。爸爸在中学时代喜欢文学书籍，是名少年藏书家。所藏的书籍大抵是些古董，他虽好学，却又不求甚解，实际上有些奥妙的东西想解也解不开。但是，这一知半解的"博学"也居然成为同学中的佼佼者。

1926年初中毕业，爸爸幻想着继续深造，却因祖父几年惨淡积蓄存在官办储蓄会社的一点钱，只是听到一个"倒闭"的消息就无影无踪了，致使渐有起色的小家庭又还原到四年前的状况。因此，他的升学希望遭到彻底的破灭。

没有钱读书，只好自谋生路。未几，经刘紫阳介绍给新上任的讷河县县长当幕僚。这是他第一次离开学校、离开家踏入社会。但是这人生第一步使他十分厌恶。他过不惯也看不惯幕僚那种花天酒地的罪恶生活，上任不久便不辞而别。逃回家中以后，他经常到南门外的两个书店蹭书看。后来又与书店两个小伙计合股在南门里路西的小坡上租间小房，开个小书店——中华书店，但书店开张不及三月就倒闭了。

妈妈晚年，两次当着爸爸的面"酸溜溜"地对我们说："我是续弦嫁给你爸爸的。"

第一次爸爸还分辩说："我也没结婚，怎么叫续弦？"

第二次妈妈再说起，爸爸知道她逗乐开玩笑也就任由她说了。说起"续弦"，爸爸、妈妈的婚姻还真有一段波折呢！爸爸、妈妈的外祖父姓崔，是辛劳一辈子的手艺匠人。在沈阳小南门有两间平房，开一爿小镜子铺。在爸爸记忆中他外祖父整天一声不响地坐在小凳子上往玻璃上画画，然后做成各式各样的镜子，漂亮极了。每去外祖父家，总爱蹲在一旁看外祖父劳作。崔家六个女儿所嫁的婆家顶数三女儿家境最好，但她并不幸福。自己娘家穷自然就矮了一截，更何况女婿又是花天酒地的公子哥，根本不把她放在心上。年纪轻轻守了活寡又守死寡。她不想让女儿也过那种日子，她常对女儿们说找婆家不管穷富，只要男人知冷知热，肯上进就好。

爸爸、妈妈两家搬到黑龙江后，孀居的外祖母不顾公婆反对为大女儿东芝和外甥大存订下婚约，当时他们都在读书。订婚后，表兄妹见面反而拘谨、不自然了。1926年东芝因肺结核（旧时叫肺痨，几乎是不治之症）病故。出殡那天，按民间风俗未婚夫不能参加葬礼。大存隔着玻璃窗看着人们把大表妹东芝抬走。他的眼前模糊了，除了远去的哭泣声，院子里空荡荡的。爸爸的初恋在朦胧和痛苦中结束了，1986年冬，爸爸回首往事作《哭东芝姊逝世六十年》：

> 极北望江楼，
> 未作少年游。
> 百年遇本世，
> 相逢古渡头。
> 嫁衣化殓衣，
> 红颜伴白首。
> 狂飙挟黑雪，
> 夜半走沙丘。
>
> 丙寅冬

东芝去世后，三姨又将就读于黑龙江省立第一女子师范的东兰许给他做未婚妻。东兰性格和姐姐完全不同，她爽朗、外向，品学兼优，特别在数学方面尤为突出，常是班里第一名。大存与二表妹再续姻缘引来刘紫阳更强烈的反对，他坚决不同意。在世俗的观念里，一个是官宦人家的小姐，一个是贫寒子弟，确实门不当户不对，但外祖母摒弃这些世俗观念，坚决支持两个年轻人，同时表兄妹也做了"鱼死网破"的准备。经过他们的奋争，老人让步了。有情人终成眷属。

二 新天地 新生活

爸爸不止一次对我说，他更喜欢第二故乡——哈尔滨，并流露如果可能，宁愿舍弃京都生活而重新回到松花江畔。愈到晚年，他的思乡之情愈重。在他的诗词——《道情篇——哈尔滨，并念靖宇同志》中，这种思念愈显浓烈：

> 乱风冻云雪打楼，
> 寒江一夜筑冰洲。
> 每忆壮岁凛冽地，
> 冷在肌肤暖心头。
> 情傲晨霜气傲剑。
> 亘世同仇结同俦。
> 将军岂有封侯意，
> 慷慨书生孺子牛。
>
> 一九七六. 十.一

从诗中人们不难看到他对故乡浓浓的依恋之情，他怀念早年哈尔滨的战斗生活，他眷恋哈尔滨迷人的北国风情，甚至他喜欢吃俄国风味的黑列巴、苏波汤。他时刻不曾忘记为之献出青春年华的那块黑土地。

1928年年初，刚满十八岁的爸爸，只身一人由齐齐哈尔考入哈尔滨呼海（呼兰—海伦）铁路传习所。呼海铁路不是官办而是中国商人自己开办的，此铁路于1928年正式通车使用。呼海铁路局为培养专业技术人员，在修筑铁路的同时创办了自己的传习所。前后共办四期，学制一年半，爸爸是传习所的第二期学员。哈尔滨在20世纪20年代被称为东方的莫斯科，有二十三个国家在这里设有自己的使、领馆。五年前当十三岁的爸爸随祖父母由奉天去黑龙江途经哈尔滨时，虽然是一瞬间的印象，但哈尔滨的影子时常像一朵彩霞似的浮耀于他的眼前，它富丽堂皇的外貌深深嵌在他的脑海里。说起来哈尔滨的历史并不悠久，但在不长的经历中却遭受了过多的磨难。

1898年哈尔滨沦为沙皇俄国的殖民地。殖民者为利用铁路侵略、掠夺这片富饶的黑土地，1903年沙俄修建的中东铁路通车。通过这条铁路，沙俄经西伯利亚东通绥芬河，西达满洲里，南抵大连，哈尔滨是连接东西南北的中心。1904年，在中国的东北土地上发生日俄战争，腐朽的清朝政府却像局外人一样宣布中立。战争以沙俄失败结束，1905年日俄签订条约，沙俄将长春以南段的中东铁路划归日本，并把旅大租界权转让日本。长春以北仍然是沙俄的势力范围。

第一次世界大战之后，欧洲各国许多谋生之人包括一些白俄纷至沓来，哈尔滨成为欧亚大陆的交通枢纽之一。俄国"十月革命"胜利，苏联分别在上海和哈尔滨建立总领事馆。由于上述地理和历史的缘故，使哈尔滨成为东西方政治、经济的冲撞点，同时也使它成为文化水准较高的新兴城市。在这里，新思想、新思潮异常活跃和兴旺。早在中国共产党建立之初（1921年秋天）就派马骏来哈尔滨考察，哈尔滨是中国共产党最早在东北开展工作的根据地、大本营。从1918年开始，中东铁路连续发生几次罢工运动，此时，负责北方局的李大钊首先在哈尔滨开展工作。1923年大罢工之后，中共在哈尔滨建立东北第一个共产党组织——中共哈尔滨独立组，直属中央。接着北方局相继在大连、沈阳建立党组织。党内又有北满、南满之分，北满地委设在哈尔滨，南满地委设在大连。1927年北满地委遭到毁灭性的破坏，但旋即恢复组织机构。1928年，日本人准备以吉林（当时哈尔滨属吉林省）为中心修五条铁路，整个哈尔滨掀起轰轰烈烈的"抗五路运动"。当时，社会主义、共产主义思想的传播如同燎原之火，来势迅猛。许许多多的有识之士和知识青年对共产主义的信仰和追求成为不可逆转的潮流，正是这些因素为爸爸选择人生之路提供了良好的契机。

呼海铁路局和传习所校址位于松花江的北岸，属于黑龙江省，哈尔滨在松花江的南岸，属于吉林省。传习所同学共有七十多人，在一个小镇子（松浦镇）中新盖起的一排房子里上课。七十多个同学中大多是刚离开学校的学生（高中程度者居多），少数是从其他职业中来的，其中有三个年纪较大、社会经验较多的学生。一个叫郭子修，自称老大哥的温情主义者，他是班长，曾在日本留学一年；一个是非常重感情的正派人刘崇让；一个是从北京来的（中共地下党党员）胡荣庆，也叫胡起，他是乐天的、幽默的，也顶会讽刺。这三个人都喜欢与爸爸接近，因为他是孤僻的，郭子修给予他手足般的温情；因为他是求进取的、刚直的，刘崇让给予他事业上的鼓励；因为他好读"闲书"，胡起吸收他加入读书会，开始介绍他读《茵梦湖》《少年维特之烦恼》《苦闷的象征》，后又介绍他读蒋光慈的《鸭绿江上》《纪念碑》《战鼓》，鲁迅的杂文和柔石的《二月》等。

1929年3月，一年的文化课结束，开始为期半年的实习。爸爸先被派到呼兰车站实习，三个月后又调回总局车务段做练习员。在学校里那些文艺书籍、自然科学书籍给予了他很多思想上的启迪和对革命信仰的追求，而接触社会之后的所见所闻更使他认识到"为富者皆不仁"；反之，那些在贫困中出卖劳动力的人们才是纯洁的。于是他更加同情码头工人、洋车夫、船夫、清道夫以及那些扶老携幼的行乞者，他从来不和洋车夫、船夫计较价钱的，坐船时常常替船夫搬桨。与此同时，他开始利用诗的形式诅咒黑暗和赞美光明，并用象征的表现方法预见未来大同世界的喜悦。这些诗发表在哈尔滨《晨光报》副刊《江边》上，笔名洛虹，意为"乐红"。

1929年2月间，祖父因病退职，携祖母来哈尔滨投奔儿子，赁居于松花江北岸呼海铁路启程点——马家船口。当时胡起在马家船口车站当站务员，爸爸在车务段当办事员。因为彼此居住的地点接近、工作接近，于是接触的机会比较多，了解也更深了。夏日的一天，在胡起家里由省委姚茂才（外号"姚秃子"）代表组织举行简单的入党仪式，同时入党的还有徐乃健。介绍人是胡起，没有候补期。姚当场宣布成立呼海铁路支部，胡起任支书，罗烽任宣传委员，徐乃健任组织委员。支部直属中共哈尔滨市委领导，1930年改属北满特委，直接领导人是北满特委的老马（即冯仲云同志），冯仲云公开身份是江北商船学校的数学教员。

支部建立后第一个任务就是扩大组织，吸收新党员。于是他们决定利用职业关系在总局成立了一个"知行储蓄合作社"。它是以储蓄为名完成个人事业为宗旨的团体。内分储蓄、贷款、编辑、图书四个部分。以储蓄团结同人，以贷款惠及同人。每月编辑《知行月报》，以公布出纳为主掩护思想宣传，又以贷款的盈余购置新文艺、社会科学书籍以及各种刊物。许多职工都是他们的社员。另外，爸爸负责铁路局的工会工作，他利用工作之便组织起足球队和田径队。通过体育活动掩护党的活动，扩大共产党的影响，团结进步力量。别看爸爸平时斯文儒雅，一旦进入运动场就变得生龙活虎，势不可当。当年他曾获铁路局职工运动会十项全能第一名，他还是足球队的主力队员，常带球队征战哈尔滨和昂昂溪。在呼海铁路提起"老傅"（罗烽本名傅乃琦）没有不认识的。

半年之后，他们吸收了十八名新党员，而且建立了三个分支，两个深入到下层——工厂和路工（岔道夫和车童），一个属于职员方面的。1930年2月，胡起调任车队长，爸爸留车务段工作，同时接任党支部书记职。此时，呼海铁路为北满铁路线重要一环并兼工作开展顺利，乃将支部扩大为"特支"。

1929年秋天，爸爸遵照祖父母之命与二表妹东兰完婚。虽然，当初妈妈的祖父并不满意这门亲事，但孙女出嫁老人仍然尽其可能使孙女高兴，嫁妆很丰厚，婚礼办的还算热闹、排场。在饭店办了几桌酒席，一些亲友专程从黑龙江赶来出席，妈妈的闺中女友羡慕她找到如意郎君。新娘子也对未来充满希望，她觉得自己是世界上最幸福的女人。然而，蜜月尚未度完，新娘子开始心神不宁，愁绪万千。她对丈夫的行为产生疑惑，她发现表哥变了，变得捉摸不透，常常下班后胡乱吃口饭又匆匆出去，深更半夜才回来，而且每次出去都要改换服饰。妻子眼中的丈夫原本不讲究穿着打扮，婚后居然一改常态，翻箱倒柜找衣服。更令她不解的是他经常一个人关在里屋，不是写就是看。妻子进去又躲躲闪闪将东西藏起来，晚间外出回来常常带着酒味，难道他另有新恋？

　　开始，她不便说什么，因为毕竟是新婚，家里还有公婆。时间一长，女性的自尊、女人的嫉妒让她忍无可忍。她想：不能待在家里当花瓶，自己念过两年师范，总可以找个教书的职业。她吵着要自立，要去谋事做，甚至也想过要像易卜生笔下的娜拉那样——出走。可是不管她怎样使性子、闹别扭，丈夫总是不发火。

　　她还记得那难忘的夜，她和他偎依着坐在松花江畔褐色的堤石上。江水沉静幽深，月色皎洁如银。可是，她的心却回到远方的故乡——沈阳。祖父去世后，寡母和弟弟就南归了。她想起了小河沿的荷花，想起儿时和表哥嬉戏的东陵。她劝丈夫离开满染罪恶的哈尔滨，重返儿时欢乐的伊甸园。令她失望的却是丈夫反常的一句话："你想它，你回去好了，我却不愿意离开'满染罪恶的哈尔滨'。"

　　她生气了，气鼓鼓地说："不！哈尔滨有你的情人?!"

　　一天，晚饭后丈夫又出去了，时钟已敲过10点。她躺在床上寻思着，今天非要弄个水落石出不可！一会儿，房门被轻轻推开，她佯装睡熟了，其实她每根神经都在关注着周围的一切。丈夫悄悄打开桌子上的台灯，见妻子睡着，便安然地从西装上衣内兜里拿出什么在读。

妻子蹑手蹑脚地走近丈夫。当丈夫准备把"情书"藏起来时，她一跃把"情书"夺过来。这突如其来的动作将毫无防范的丈夫吓了一跳。她愤愤地说："我要看看有多少海誓山盟要写？"

她满以为把柄在手，可以兴师问罪了，但看着看着，一下子愣住了，这哪里是什么情书？这分明是共产党的传单！面对眼前的一切，她茫然不知所措。她委屈地哭起来，问丈夫为什么不早把真相告诉她。这一夜，他们没睡，他告诉妻子这是党的秘密，他不想让妻子为自己担惊受怕。从此，丈夫在家坦然多了，方便多了。有时妻子还在公婆面前为丈夫掩护。"娜拉"不再苦闷，也不想出走了。她从丈夫那里接受许多革命道理，读了许多进步书籍，慢慢地她知道丈夫是中共地下党员。1931年"九一八"之后，由丈夫介绍她加入"反日同盟会"，她像凤凰涅槃一样获得了新生。

三　风风火火闹滨江

　　由于蒋介石采取不抵抗的卖国政策，致使日寇长驱直入，占领南满又进犯北满。爱国将领马占山率部奋起抗战，嫩江桥一战给骄横跋扈的日本关东军以沉重打击，马占山名声大震。吃了亏的坂垣大佐不敢轻举妄动了，于是软硬兼施，大耍诡计。这年11月天气出奇地冷，坂垣先派副官在松浦镇呼海铁路局会议室与马部谈判，表面讲和，暗地调兵遣将。爸爸他们及时向马占山部队提供日军沿江兵力部署等情报。马占山准确掌握敌情，没上敌人圈套。

　　谈判失败，坂垣又秘密向庙台子火车站运兵。日寇多门师团也企图经过庙台子进攻马占山的部队。获悉敌人这一动向，爸爸火速派人给马占山送去情报，同时发动铁路员工配合马部抗日。他们组织一部分火车司机和司炉，连夜将松浦总站新旧机车和各种车皮全部拉往绥化。机车和车皮拉过呼兰桥后，立刻焚毁了木桥，同时把呼兰到海伦的涵洞桥也炸了，切断铁路交通，使马占山部得以安全北撤。

　　事后不久，爸爸以路警为基础建立松花江北岸别动队。大刀会的首领宫长海在哈尔滨保卫战中率先奋勇杀敌，经常带着队伍沿江活动。一天，他们出其不意将驻守松浦镇的日军一个中队聚歼之后迅速撤退。日军挨惨痛一击后，打算歼灭这股武装力量。他们派了将近一个营的兵力，乘坐运输船"公济轮"向江北进发。爸爸针对这一紧急情况，马上派松浦别动队的同志携带枪支弹药在江北岸向轮船上的敌人不停地射击，打得敌人晕头转向，哇啦哇啦乱叫，鬼子怕中了埋伏，不敢靠岸，不得不夹着尾巴逃了回去。

1932年1月，爸爸党内职务由呼海铁路"特支"调任哈尔滨道外区（也叫东区）宣传委员。为了地下工作的方便，家也由马家船口搬到松花江南岸道外十六道街。当时中共哈尔滨分道里、道外两个区，东北反日同盟会会长杨靖宇还是道外区区委书记，修鞋工人苏新民是组织委员。道里区（西区）区委书记是姚茂才，金剑啸是宣传委员，西区没有组织委员。

20世纪30年代初的哈尔滨，爸爸身上那套铁路制服挺唬人的。他常常掩护穿长袍、夹着地图册的"地理教员"杨靖宇出入中东铁路工人住宅区三十六棚和江北的工人区搞宣传发动工作。由于爸爸有稳定的职业、优厚的薪水和较好的社会关系，这些条件自然成为地下活动的保护色。他的家既是危险品（送往松花江下游游击队的大批手电筒、胶皮鞋、红旗、文件等）的储藏库又是地下党的印刷机关。

早在1931年4月，满洲省委提出在哈尔滨出版党报的决定。8月15日《哈尔滨新报》在道外正阳街路南十六道街口东侧红楼下创刊。这是九一八事变前夕，以民办报纸面貌出现，由中共满洲特委领导出版的一家公开报纸。爸爸有时在《哈尔滨新报》副刊《新潮》上发表诗文。1932年2月5日哈尔滨沦陷，《哈尔滨新报》随即停刊。

为了加强抗日救亡运动的宣传，杨靖宇指令爸爸秘密出版反日总会会报《民众报》，并派金剑啸与他一起工作。金剑啸曾在上海美专学习，是个多才多艺的年轻人，他负责报头设计和插图等。《民众报》的版面16开，油印，不定期出版。此时，在"九一八"后旋即参加反日同盟会的妈妈成为爸爸的得力帮手，她用秀丽、工整的蝇头小楷刻蜡版。夜深人静的时候，在密不透光的室内，夫妻二人用一台掘井式油印机兴奋而紧张地翻印党内文件、传单和《民众报》。碰上经费接济不上，他们会自己垫付。为了工作安全他们几次搬家。此间，爸爸结识了一批左翼文化人。

8月上旬淫雨连绵，松花江的水位不断上涨。8日凌晨，江水冲毁年久失修的堤坝。道里、道外一片汪洋。听妈妈讲，发水的当夜爸爸去海伦没回来。那时他们住道外十七道街，妈妈和祖父母随着慌乱的人群逃往南岗，在铁路同人帮助下暂住铁路公寓。那时也没经验，以为把门窗关严就没问题，什么也来不及拿，妈妈抱条小狗，老太太拿着座钟。临出门时还能行走，半路水越来越大，就必须坐小船了。大水落下后，妈妈天天在公寓晾晒书籍，她说多亏了头几天老太爷把一箱衣服寄存朋友家。

水灾期间党组织内部机构打乱了，杨靖宇、杨一辰、罗烽、姜椿芳等都到南岗马家沟、河西岸极乐寺一带难民区组织发动群众，向日伪当局提出"要饭吃，要衣穿，要房住"。他们在难民区与灾民同甘共苦待了一个来月，反饥饿斗争取得一定成绩，同时发展了一批党团员和反日同盟会会员。

为了救济难民，一些进步的画家、艺术家被发动起来，举办"维纳斯助赈画展"。画展在石头道街的宴宾楼展出。展出的作品有：白涛、冯咏秋、王关石、商誉民的素描、国画、油画等，甚至萧红两幅小小的粉笔画也送去展卖。除此之外，大部分是金剑啸多年自藏的作品。一些文化人纷纷写文章造声势，萧军应邀写了《一勺之水》，方未艾写了《助赈画展观后记》。赈灾画展的收入虽然微薄，不能解决难民们的饥渴，但它却点拨了广大知识分子的爱国之心。

大水过后，满洲省委决定撤销哈尔滨区委，建立市临时委员会，杨一辰为书记，隶属满洲省委。杨靖宇赴磐石游击队。此前，爸爸调任呼海铁路全线（呼兰、绥化、海伦）及七个分支的巡视员。

杨一辰外号"山东杨"，他曾在刘少奇同志直接领导下搞工运。

20世纪80年代初，分别近半个世纪的老战友相见。感情的波澜翻涌，爸爸作《二六二医院探视一辰》：

1933年秋杨一辰同志接受新任务离哈前夕，我们密约一小酒馆话别，寡酒一杯，语重情长，相期共勉，天各一方。
盖四十有七年，重逢京华，时为1980年仲夏。

> 云载清风血染霞，
> 松滨蹊柳掩人家。
> 酒旗脉脉泼虚幌，
> 一杯辛辣各天涯。
> 相期壮志镌刀剑，
> 奇遇京门俱脱牙。
> 漫论半纪兴衰事，
> 洪荒已绽四季花。

1933年春，中共满洲党组织提拔地方干部，爸爸升为省委候补委员，是年夏，负责领导北满的文艺运动。当年活动在文化圈的罗烽、金剑啸、姜椿芳、舒群四个共产党员，他们年龄相仿，都是二十岁左右的青年。其中罗烽入党时间最早，他也像个老大哥。姜椿芳负责共青团工作，舒群属于第三国际情报站。虽然他们不属于同一组织机构，但是他们都能主动配合积极做好发动团结党外进步力量的工作。罗烽和金剑啸很快将白朗、萧军、萧红、金人、林珏、梁山丁等团结在党的周围，形成一支进步的文艺队伍。

爸爸等人经常活动的地点，一是道里新城大街南端的牵牛坊。这是一幢俄式平房，因房主冯咏秋每到春天在房前屋后栽种许多五颜六色的牵牛花而得名。1933年春的《五日画报》刊登一条消息并配一张照片《牵牛坊全景》："中立者为傻牛冯咏秋，该坊之成立系冯君纠合一般文士每日工余齐集牛坊研究文学之处，闻不日将有作品问世。"冯咏秋在当时属于"左倾名士派"，思想进步，多才多艺，为人憨厚，人称"傻牛"。他早年就读北京大学，毕业于天津南开大学，毕业后曾做过京报记者。

牵牛坊的一房客名叫黄田，外号"黄牛"，是香坊区警察署署长。此人喜欢文学，同情共产党，一直站在革命一边。他经常为地下党提供敌人内部情况，帮助和掩护一些左翼文人逃脱敌人的追捕。20世纪30年代中期，萧军在上海出版《八月的乡村》，黄田也汇款资助。他的妻子袁时洁也是个爱国青年。这样，牵牛坊自然成为左翼文化人聚会和地下党秘密接头的最佳场所。

1933年的一天，中共满洲省委秘书长冯仲云徒步五六百里回到哈尔滨（他半年前去汤原县组织抗日武装），蓬头垢面，破棉袍露着棉花如同"叫花子"。他不敢直接回家。突然他想到罗烽秘密接头处牵牛坊，便装成乞丐借向妻子讨饭之机，悄悄通知妻子天黑去牵牛坊会面。届时妻子送去衣服，牵牛坊主人黄田陪他洗澡、理发、换装，然后护送他们坐电车回家。经常来这里的有文人墨客，也有地下党及左翼文学青年。大家聚在一起吹拉弹唱、赋诗、作画，俨然一个文艺沙龙，地下党就利用这一有利条件接头和传播新思想。

爸爸他们另一处活动地点是"一毛钱饭馆"，这个饭馆是1932年冬，党派金伯阳同志出面联络冯咏秋、刘昨非、裴馨园、王关石、白涛、黄田六位左翼文化人集资开的。饭馆取名"一毛钱"，意为大众化，菜价多为一毛钱。店面匾额出自冯君之手，墙壁悬挂艺术家们自己的作品，显得整洁、雅致。饭馆里只雇一名厨师和一名司账，"跑堂"则由文化人自己轮流充任。这别开生面的举动引起老百姓的兴趣，有人在报纸上作为"本市趣闻"撰文评论说："一毛钱饭馆，饭菜便宜，招待热情。招待员手大，会笑不会说话。"一时间名声鹊起，轰动哈尔滨文化界和学生界。饭馆开业先在中国四道街路北租一间门市房，后来生意做大，搬到路南两间门市。饭馆开业便被地下党作为秘密联络点。1933年1月，赵尚志从巴彦游击队回哈尔滨向满洲省委汇报工作，一时找不到组织关系。焦急中他在报纸上看到党内同志金伯阳约某人到"一毛钱饭馆"会晤的启事，便按启事上的时间前去向金行讨，以便接头。

1933年夏天，爸爸和金剑啸通过萧军的朋友陈华的关系，在伪满心脏——"新京"（即长春）《大同报》（陈华系该报文艺编辑）上创办文艺副刊《夜哨》。《夜哨》为周刊，每期发表的稿子都是罗烽和金剑啸等人在哈尔滨选定后寄去。在报刊上夺取宣传阵地是他们梦寐以求的愿望。《大同报》是伪满政府的机关报，发行量大，影响广泛。《夜哨》的刊名是萧红起的，金剑啸画的刊头，意思是在漫漫黑夜中，有我们的哨兵在警惕、监视着敌人，保卫祖国。

　　创刊号上，爸爸用"洛虹"笔名发表独幕讽刺剧《两个阵营的对峙》，以疯人院为背景，描写一群精神病患者，暴露反动阶级的丑恶形象。文中借铁路员工之口愤怒地喊出："起来，全世界的奴隶，起来，全世界的罪人！"爸爸还发表小说和诗歌等。短篇小说《口供》以有限的篇幅，揭露甘心充当日伪统治者的爪牙，骑在人民头上作威作福的伪警察的罪行。诗歌《从黑暗中鉴别你的路吧！》和《说什么胜似天堂》揭露了日伪罪恶统治的本质，唤醒人民起来斗争。"凭自己的力量，凭大家伙的力量，一定能把地狱变成天堂！"这些犹如号角、灯塔的诗篇，指引人民起来反抗。妈妈此间发表了《叛逆的儿子》等中篇小说。

　　《夜哨》从第6期开始连载李文光（署名"星"）的一篇小说《路》，文章内容是讴歌抗日游击战士的。新闻机关察觉后要追究，编辑陈华去向不明，副刊不寿而终。《夜哨》从8月6日创刊到12月24日终刊，共出版21期。主要作者有罗烽（洛虹）、金剑啸（巴来）、萧军（田倪）、萧红（田娣）、白朗（刘莉）、舒群（黑人）、梁山丁（山丁）、陈华（权）、李文光（星）等。《夜哨》的出现在群众中造成很大的影响。

　　在创办《夜哨》副刊之前，爸爸和金剑啸还组织起一个半公开的抗日文艺团体"星星剧团"。

　　爸爸负责剧团的事务性工作，金剑啸任导演兼舞美设计。主要演员有萧军、白朗、舒群、萧红、刘毓竹、徐志等人。他们排演三个短剧：美国进步作家辛克莱的《居住二楼的人》（又名《小偷》）。萧军扮演受律师诬陷而被迫当了小偷的杰姆，白朗饰演律师太太，刘毓竹演律师。第二个剧是女作家白薇的独幕剧《娘姨》（又名《女佣人》），萧红扮演一个生病的老妇，舒群演一个家庭主妇的丈夫。第三个剧是白涛的《一代不如一代》（又名《工程师之子》），由二中学生徐志担任主角。经过三个月的排练，正准备在道里民众教育馆公演时，馆长要求他们配合日本承认"满洲国"的"九一五"纪念日演出，被剧团严词拒绝，馆主以不借给场地相威胁，结果没能如期公演。后来又联系在巴拉斯电影院演出，二中学生小徐突然被捕，一星期后假释出狱，后来失踪。坏消息接踵而至，日本著名特工头子土肥原专程来哈尔滨对新闻、出版等宣传领域进行整治和严格检查，罗烽等人决定剧团停止活动。

在此之前的1933年春季，哈尔滨《国际协报》公开招聘女记者，这在当时可是破天荒的事情。妈妈在爸爸的鼓励下，考取了这份工作。上班后编辑长王研石看她沉默、腼腆做记者不合适，改让她编辑《家庭》《妇女》《儿童》《杂俎》四个周刊。秋天接替林郎编辑副刊《国际公园》，四个周刊仍然由她负责。未几，王研石悄悄离哈，王星泯任编辑长。

《国际协报》是哈尔滨的地方报纸。主笔张复生是老同盟会会员，思想偏左。《夜哨》停刊后，爸爸又积极开辟另外的宣传阵地。他让妈妈向报馆提议办一个大型周刊，编辑长允准。

妈妈将《家庭》和《妇女》合并，创刊《文艺》。它的撰稿人几乎是《夜哨》的原班人马，为了不引起敌人注意经常改换笔名。爸爸当时的笔名有洛虹、彭勃、罗迅、克宁、kn等，妈妈的笔名有刘莉、弋白、莉、杜徽等。给副刊投稿一般没有稿酬，好在多数人都有职业，金人和林珏是学生没有家室之累。只有萧军、萧红没有固定生活来源，经妈妈与报馆商以特约记者名义每月付给二萧每人二十块钱。这在当时是笔不小的收入。那时两三块钱可以买一袋最好的砂子面。

当时妈妈的月薪六十块。

这次办副刊吸取《夜哨》的经验，选择文章的思想不能太红，不能太露骨，有时也不得不运用鱼目混珠的办法麻痹敌人。比如，妈妈曾在《国际公园》上连载秋鸿的长篇章回体小说《北地胭脂》，内容是描写才子佳人的。

《文艺》副刊第一期以《文艺的使命》为出刊的前记，署名编者弋白，实际是爸爸代替妈妈写的。文中说：

> 文学不能规定目的的，因为有目的的文学，常是失却了文学的价值，但文学学者他不能只埋首在书斋里构思、设想。起码应当推开窗户、睁开他的睡眼，和现实亲切一下。那样，可以明了人类在广大的宇宙怎样的生存着，更可以听见弱者的低吟是怎样在垃圾堆上和阴沟打滚呢！

杨靖宇同志很重视文艺宣传工作。爸爸他们办两个副刊时虽然他已去磐石搞武装抗日斗争了，但是偶尔回哈尔滨看到《文艺》副刊，还是给予充分的肯定和极高的评价。省委巡视员傅天飞每次都带些副刊到游击区去。

正当爸爸、妈妈等人开展的反满抗日活动红红火火、蒸蒸日上的时候，敌人经过几年军事侵略站稳脚跟后，开始有计划地破坏共产党及反满抗日组织，加紧在政治思想方面的攻势。1934年4月，中共满洲团委遭到破坏并牵连部分党的组织，日本宪兵到处捕人。形势的恶化危及党领导下的左翼文艺活动。

萧军、萧红的出走是地下党经过长时间考虑后决定的。二萧离开哈尔滨之前，已经非常惹人注目。因为他们是党外人士，有些情况不便说，但爸爸和金剑啸着实为这两个进步青年的安全担心。通过筹划，二萧于6月12日进关投奔年初已去青岛的舒群。走前，罗烽、白朗、金剑啸、金人、侯小古买了一瓶酒、一包花生米，在金剑啸"天马广告社"的画室为他俩饯行。大家在一起共事多时，这次分别在感情上是难舍难分的。送别的人和被送的人，心里都很难过。要走的人不知将漂向何方，留下的人也不知何时被捕。在白色恐怖下，一个革命者随时都有被捕和牺牲的危险。

安排二萧走后不及一周，爸爸于6月18日以共产党嫌疑犯的罪名被日本驻哈尔滨领事馆特高系逮捕。在被关押的十个月里，他受尽敌人严刑拷打，宁死不承认。由于敌人找不到证据，加上家庭和铁路同人的营救，爸爸于1935年4月20日被无罪释放。在他被捕期间，妈妈坚持出刊《文艺》到年底。20世纪40年代出版的《十年来的小说界——满洲新文学大系小说上卷导言》评论说：

> 短篇小说有田娣（悄吟）的《破落之街》《患难中》《镀金的学说》，彭勃（洛虹）的《丰年》《疤痕》，塞田的《军官之宿》《诞》，田倪（三郎）的《一个雨天》《期待》，山丁的《黄昏的庄上》《北极圈》《银子的故事》《无从考据的消息》《山沟》，代生的《初雪》《寒冷的塞外》，弋白（刘莉）的《悚栗的光圈》《四年间》《逃亡日记》……
>
> 在这些短篇中，描写上以彭勃的《丰年》与田倪的《一个雨天》为最深刻有力。《丰年》是写丰收的饥馑，《一个雨天》叙述一个青年的没落……
>
> 写作上最勤快的是弋白，她的《悚栗的光圈》较比《夜哨》上的《叛逆的儿子》，无论在结构与技巧上都有相当的进步。
>
> 中篇小说有彭勃的《星散之群》，这篇小说的企图是很大的，彭勃是诗人，他要以诗情描写地下室的群像，那文章起始是重而有力的……他的小说正在刻画两个对峙人物性格的高潮处，突然中断了，这是田倪、田娣离开哈尔滨不久以后的事。

……"康德"元年（1934年）年尾，《文艺》在无声中停止了它的呼吸。北满文艺基于人的星散终于一蹶不振了。

其实，《文艺》并非在无声中停止了它的呼吸。20世纪90年代初，哈尔滨文联主席刘树生曾寄来一张他珍藏多年的1935年1月15日哈尔滨《国际协报》副刊。那上面刊载妈妈写于这年1月9日的《文艺》终刊词，题为《结束了〈文艺〉周刊》，署名刘莉。她在文中说：

一九三四年一月十八日，周刊《文艺》悄悄地来到了人间，它经过了重重磨难，苦斗着，挣扎着，颠簸着，得以维持将近一年，延续了四十七期。现在，它好像松花江之秋又悄悄地离开了人间！

现在，为了本社变更出版计划关系，一切副刊均行停刊，因之《文艺》亦随之灭亡！抚今追昔，感慨系之——即如为本刊执笔诸作家，率毕星散：田倪君与田娣女士中途相携出国，彭勃君又浪迹天涯，莫期行止！巴来君不幸失业，吃饭问题没法解决，已无心创作，唯有山丁君自始至终，努力撰稿……至于我呢，不过是军中小卒。虽然也时或随众摇旗呐喊。又是幼稚不堪，难入大雅之堂！徒负编辑职责，自知一无建树。但，《文艺》本身究竟如何？评论者自不乏人，如今也无须我言之喋喋。就是这样结束了吧！现在为谨向执笔诸作家致谢。并向爱护《文艺》的广大读者诸君表示"毫无贡献"的歉意。

同时。我捎带声明一下，我并没有离开本社，仍然继续服务，不过现在我仅仅是一个撰稿者，不负其他责任。当然，我们以后还是可以常在报纸上见面的。

20世纪90年代，中共哈尔滨党史办的王式斌说，东北革命文学兴起的一个重要标志是广泛地进行文艺宣传，建立文艺阵地，创办画会和剧团。从1933年春到1934年这段时间，是东北抗日革命文学兴旺的时期。

四　捕前与被捕

　　1934年3月，由于团满洲省委宣传部长杨坡的被捕与叛变，引起团省委领导机关及哈尔滨市团委的大破坏。并牵连党组织的局部被破坏，但党的省委机关未遭破坏。约4月下旬，呼海铁路工程科的徐乃健突告失踪，消息传遍路局。徐乃健弟弟徐乃金和爸爸是呼海铁路传习所同期同学。1929年爸爸、徐乃健同时入党并在同一党支部工作。

　　1932年1月，爸爸党内关系由呼海铁路"特支"调哈尔滨道外区（也叫东区）任区委宣传委员，直接领导人老张即杨靖宇同志。他的家也由江北的马家船口搬到哈尔滨道外区。此后，徐亦脱离铁路支部，另任党的工作。调离后的两三年间彼此很少来往，这是党的纪律。

　　徐乃健失踪约半月后，省委秘书长老马即冯仲云同志告诉罗烽：徐乃健同一女同志刘樱花假扮夫妻住在红砖街88号满洲省委接头机关，二人同时被捕。刘樱花即1933年被捕的省党委书记王达理的妻子宋兰韵。王达理入狱后，曾以土匪嫌疑罪判刑一年。此时复被杨坡指供，受刑不过供出刘樱花。徐乃健当时任省委会计。据内线消息说徐、刘在日本领事馆刑讯数次，均坚不招认。刘樱花刑后流产，徐乃健曾用眼镜片割脉自杀未遂。冯很有把握地估计徐完全可以熬过去，同时指示罗烽不必动，但要设法将上述情况通知原支部书记胡起和支委张永福，万一情况有变被捕，应坚不承认为共产党员。张永福在松浦警务段当办事员，通知他不难。唯胡起当时在石人城车站任副站长。爸爸通过铁路电话约他在哈见面。

爸爸再次清理家中书籍、函件、照片等。书架上摆起《古文辞类纂》《古诗源》等线装书和山水画册等，以防搜查，使敌人无证据可寻。此后他身上经常带几十元钱，以备事态突变时逃避之用，并嘱咐妈妈，倘若遇到不幸，一定不能泄露任何机密。

大约5月下旬，冯仲云再次来爸爸家时，他已剃去长发准备离哈他往，冯要把他们的小女孩儿送到爸爸家寄养。爸爸因自己也处于惶惶不安中，不得不婉言拒绝。同时爸爸告诉冯仲云为防不测，他们正设法把三郎（萧军）、悄吟（萧红）夫妻送离东北。

6月18日，爸爸由哈尔滨三棵树车站乘客车过江到松蒲镇车务段上班。还没开始办公，日本领事馆便衣警特即跟踪进入办公室，声称他因反满抗日立即拘捕。敌人不容申辩，马上要将人带走。爸爸要求整理公事、交代日籍顾问，被允许。他在整理公事时悄悄告诉办事员老陈，设法给在《国际协报》上班的妻子打个电话，好让她有所准备。

爸爸在该铁路服务五年，不但工作认真业务能力强，而且与上下同人的关系也好，刚刚被晋升车务段分段长。公事交代完敌人给他戴手铐时，车务段日籍顾问安达向警特表示抗议，说他是个好职员并保证他是个好人，但警特不理睬。在等候北来的客车时，敌人把他带到警务段段长的办公室里对他突然袭击说，徐乃健已经把你供出来了，赶快招认，免得到日本领事馆受苦。敌人这一审问竟让他及早得知被捕的原因，使他如何对付敌人心里有了准备，开始还担心是萧军、萧红未能安全脱逃而牵连了他。在解往松浦站时，爸爸故意把手铐暴露在外面，暗示给松浦站电报室里正在打电报的共产党员范用存，好让他尽早把他被捕的消息传给呼海铁路的其他共产党员，如机车厂的工人老梁、车童高希霖、电报生林鸿飞和车队长李荣弟等。当时，这些同志虽然都不在一个支部，但这个警号对他们是有帮助的。爸爸在三棵树车站下车等候日本领事馆的汽车时，发现日籍顾问安达同车追来，仍然力保他，但终被警特所拒。

关于拘捕后的细节，爸爸在1957年9月12日写给中国作家协会党总支和中央宣传部机关党委的材料中说，18日当天被关押在日本领事馆地下室第七监号，号内原有日籍犯人四名，朝籍犯人一名。19日早犯人集体到洗脸室洗脸时，路过其他监号听到徐乃健小声叫他的名字。徐乃健坐在地板上，侧倚着木栅栏，带着歉意悄悄地说了一句："对不起你！"爸爸深恐被看守发现增加麻烦，一闪而过，什么话也没说。在同一天的上午，他被提去过第一堂。审讯内容是姓名、年龄、籍贯、家庭状况、简历和有哪些朋友。关于"朋友"，爸爸回答说第一、二届铁路传习所有许多朋友。在具体列举时，选的都是与党与反日同盟会无关的人，多半是他领导的足球队和篮球队队员。但其中包括传习所一期同学、车务段段长齐永延，也包括徐乃健。之所以不回避与徐乃健的朋友关系是争取主动，这样可以在政治问题上迷惑敌人。在这中间敌人把中东铁路姓窦的工人拉出来严刑拷问，该同志坚不承认。窦被带下后，敌人叫爸爸承认，爸爸否认。敌人叫他回去考虑并在笔录上打了指印。

距第一次审讯四五天后的一个早晨，再次被提审。在取调室旁一间小屋里他意外地遇见妻子。他用力握着妻子的手，相对无言。而敌人却在一旁唠叨不休，什么"说几句话吧，五分钟快到了"，什么"傅君，现在能承认大日本立即恢复你的自由"。夫妻二人仍旧一言不发。时间到了，他被带进取调室。审讯开始敌人就开门见山地对他说："你的好朋友徐乃健是共产党，他是个聪明人，已经承认了。他也供出了你，你要学聪明人，马上承认吧。"

爸爸回答说："徐乃健是我的同学，也是好朋友，但我不知他是什么共产党。哈尔滨大水后，1932年秋天我们路局由松浦迁来哈尔滨。我仍在松浦镇办公，早去晚归公事很忙，与徐乃健两年多不见了。这两年多他做了些什么事，我不知道。他为什么承认是共产党我也不知道，与我不相干。我不了解共产党究竟是做什么的，在铁路上我是好职员。若不信，可以调查。"

敌人说："我们早已调查过了，你和徐乃健一伙人干了很多反满抗日的勾当。徐乃健都说了，你也说吧。说了罪轻，很快就得到自由，不说免不了吃苦（指着室内刑具威胁着），终归还要你招认……"

爸爸回答说："我不能随便胡说。你们要好好调查，不能诬赖好人！"这句话激怒了敌人，一边拍桌子一边拿起桌上的木屐狠狠砍他的头，并大叫道：

"你就是共产党，什么诬赖好人！"

爸爸理直气壮地质问说："你们无根无据就逼我承认是共产党，法律是不允许的。"

敌人说："徐乃健就是证据！"敌人翻来覆去就是要他承认。爸爸最后无奈地说："假如你们非逼我承认不可，就请随便写几条，我来画押好了。"敌人感到受了侮辱，拿起木屐又要打，但是立刻又放下，笑嘻嘻地说："以前你们的张作霖才这样做。大日本帝国的法律是依据犯人自己的供词论罪的。你不懂，你的常识太少。"接着厉色问："常识不多，可是你会宣传抗日反满。你家里的油印机已被搜查出来了，这不算证据吗？"说完拿起爸爸的右手，仔细查看中指的厚茧，得意地说："承认吧，傅君，证据多得是。"

一听敌人说搜出油印机，他心中反而更踏实，知道敌人并不掌握什么真凭实据。事实上，家中的桦子房里确曾藏有一台日本掘井式的油印机。知道这件事的除省委领导和他的家人外，还有徐乃健、林鸿飞二人（原因是1932年春，有一次为了赶印大批传单和标语曾约他二人夜间来帮忙，平日里都是妻子和父亲帮助）。但是，1932年秋天松花江决堤时，油印机被大水冲跑了。因此，他泰然而坚决地否认有油印机，但他承认刻过蜡板，而且很多。那全是铁路公事，不信可以调查。

午后，敌人继续审讯，态度很随便，问话前后矛盾。敌人说："傅君，我们知道皇军来到满洲以后你是个好职员，可是在'九一八'以前确是共产党啊！'九一八'以前大日本管不着，过去的事也不想追查。只是你要承认，才能得到我们的信任。承认了，就能很快把你释放的。"

爸爸看穿敌人的圈套，决不上当。于是，敌人狰狞的面目露出来了。把他牵到为灌凉水特制的木凳子旁边，用绳子把他的胸部、膝部及两脚绑在木凳子上。然后，把院心洋井的凉水灌进约二十磅容量的扁嘴大铁壶里，再用大铁壶往爸爸嘴里灌，并大声叫喊：

"说，快说！你是共产党，不说灌死你！"边灌边用胶皮线抽打他的肋部，灌了两壶，他的头和肺几乎爆裂开来，但脑子是清醒的。敌人除了声嘶力竭地叫骂，丝毫没有击中要害的内容。他推测徐乃健的口供一定是简单而含糊的。关于呼海铁路特别支部自1929年成立到1932年春的几桩重大事件，如：发展的十余名新党员、呼海铁路党的外围组织"知行储蓄合作社"及手抄本的《知行月报》；1931年冬"特支"援助马占山部队北撤，截阻日军追击而发动铁路员工抢机车、拉车皮过呼兰大桥，然后焚毁该桥；1932年春，领导由路警组成的别动队配合宫部义勇军袭击松浦的日本驻军等，可以肯定徐乃健均未供出。否则，敌人绝不会抛开这些有力的材料不加追问。

第二次审讯熬过去了，没有画押。因灌水过多发际渗血，肚子剧痛，十余日不能起床，也不敢吃饭，每天以酱汤泡面包度命。熬是熬过来了，但是他却落下终身后遗症，每当睡熟后四肢就不自觉地抽搐、挥舞，有时手脚或头部被碰伤甚至从床上摔下来。年岁越大越厉害，无奈他在睡觉前用软垫铺在四周保护。

数日后，全监放风。监号与监号衔接绕网球场散步、晒太阳时，爸爸看见头缠纱布的胡起。因相距较远，爸爸乃假装肚子疼稍停等胡走近时，乘机说明互守原约坚决不供之意。并知彼此被捕均系徐乃健所供，还有"九一八"后增补的军委张永福也同时被捕，但未送日本领事馆。

约于入狱二十多天后，同号朝籍青年朴某将取保释放。爸爸在刑讯后朴曾服侍、照顾他，轮到爸爸倒便桶、擦地板都是朴某替做。他不爱讲话，有时偷偷地掉泪。这次他愿意给罗家里捎个信。爸爸也想把审讯情况告诉妈妈，使她心里有底。信纸是从《新旧约》全书上撕下的白边，用小扫帚棍儿蘸搽鞭伤剩下的一点碘酒而写成的。信中说："……徐乃健咬我是什么共产党，这都怪我没眼力，交下这样朋友。他们用刑逼我供，但我至死也不能招认。我的身体尚好，请勿为念……"这样的内容即便落到敌人那里对他也有利无害。信是装在妈妈送进来的小仁丹管里，上敷仁丹。信带走后不及一周与妈妈在高等系办公室会见。她带来一盒糖果、一条小手帕和一管跟装信同样的仁丹。经敌人检查后，糖果被扣留，仁丹和手帕给他。手帕上绣有"珍重"二字。一切都在意会中了。

从第二次审讯到10月初引渡伪警察厅，爸爸没有再被提审也没有照相，凡承认是政治犯的都要照相。由日本领事馆引渡伪警厅，爸爸与胡起、徐乃健、杨安仁等同在一辆大卡车上。车停伪警厅门前移交花名册时，爸爸看见祖父和妈妈在石阶上远远张望。原来是家里得到青柳的通知说他于今天引渡伪警厅后即会被释放，父亲和妻子是来接他回家的。点名毕，车子把他们载到伪警厅留置场（拘留所）。开始与盗窃案、民事案等犯人杂居一处。后因强盗案犯人诈狱未遂伪警厅重修留置场，于11月间转押道里监狱，住在临时腾出的印刷厂厂房里。穿着夏季服装在不生火的水泥地上生活将近月余，满身生了疥疮。后又转回新修坚固的留置场，与省委交通姜学文、哈尔滨电业局职员王景侠住一个监号。这时胡起、张观等也关在这个牢狱里。

在留置场爸爸与看守山东人刘、冯二人相处得很好，特别是年轻些的冯对所谓政治犯很同情。有一次，爸爸求冯把他在留置场的情况设法告诉《国际协报》的妈妈。后来冯把这个差事转给了刘，大约从1935年年初刘即和家里接上头。这时候起，爸爸才知道家里一直托亲求友设法营救，并说很快就能出狱。

自到留置场一直没有过过堂，也没照相，只是在入监收押前量了身高和记下特征。约于 2 月间伪满公布《临时惩治叛徒法》，伪方将该文法送到狱中传阅，"临时惩治法"强调判刑要证据。

　　1935 年 4 月初，留置场再度降低犯人伙食标准。姜学文领导发起全监改善伙食的斗争，向伪方提出要求，伪方允为考虑。与此同时，伪警厅开始传政治犯复供。胡起因被捕撞车之事坚持原供而被打。与胡起同一监号的中东铁路某机务段段长、政治嫌疑犯胡××复供后释放。4 月 20 日，爸爸被提到伪警厅刑事科未曾复供，经马警佐宣布无罪释放，即日恢复自由，按照小林警佐的要求写了保证书，大意是：我因行为不慎误交共产党徐乃健为友，致遭嫌疑。今后奉公守法，为"满洲国"服务，并画了押。回监号取衣物时，姜学文秘密告诉他假如出去找不到组织关系时，可到道里石头道街地方检察厅找王推事的太太接头。

五　营救与脱逃

　　妈妈是在1934年6月18日上午从车务段一位职员偷偷打来的电话中，得知爸爸被捕的情况。对于爸爸的突然被捕虽然妈妈早有心理准备，但事到临头仍然为他担惊受怕。妈妈匆匆处理完稿件，同时也没有忘记其他人的安危。妈妈打电话告诉左翼朋友金人，并让他转告中共哈尔滨西区宣委金剑啸同志以后不要联系。这一切处理完，当妈妈赶回南岗大直街家里时，敌人早搜查过了。粗略地看一下，敌人只拿走她的一本日记、几封家信和一本阿志巴绥夫的《血痕》。显然，这一切都不足以成为"反满抗日"的罪证。车务段段长齐永延是爸爸的上级又是邻居，故此，齐永延当晚被传讯，次日被释。齐永延告诉罗家，罗烽被关在南岗义州街日本领事馆。祖父母心急如焚，痛不欲生，不只因为爸爸是他们的独生子，更主要是了解儿子所从事活动的严重性质。很快家里开始了营救。

　　在他们所认识的人中，唯一可以求助的只有祖母的干妹丈张树棠。此人四十多岁，某轮船公司经理兼哈尔滨猪业同业公会会长。他在哈尔滨商界有些朋友。大约1929年年初，祖父母由齐齐哈尔到哈尔滨投奔尚在呼海铁路传习所实习的儿子，当时在江北马家船口租住的房子就是张树棠的。两家毗邻而居，张的妻子与祖母相交甚厚，结拜为干姊妹。后来两家先后迁往哈尔滨，张的妻子没有生过子女，对干外甥分外喜欢。当祖父母去找她设法营救时，她是不遗余力的。张本人却有些顾虑，一再追问是否真的没有什么不法行为？在祖父母保证和妻子的督促之下，张树棠很快找到日满商行的经理小野。通过小野认识日本领事馆高等系副主任青柳，青柳和小野是老同学。

爸爸被捕的四五天后，张树棠和小野一同到家里，要他们以被难家属的身份去找青柳。祖父因患过神经病恐他言语有失对事情不利，只好由妈妈出面。小野只会几句半通不通的中国话，勉强可以理解。青柳则只能说一半个不成词的单字。小野首先问妈妈会不会俄国话，当她说不会时，小野即表示：谈话不方便，青柳俄国话很好。由于没有共通的语言，第一次见青柳主要是小野和青柳谈。一两天后妈妈去日本领事馆要求见爸爸时，青柳板着冰冷的面孔把她带到后院一间小平房里与爸爸见面。而青柳通过朝鲜翻译叽里呱啦说了许多，企图软化爸爸的气节。爸爸和妈妈什么也没说，只是紧紧握了握手。五分钟过去了，爸爸被带走。没多久一个姓屈的狱卒传话说："傅受刑后腹痛不起，病得很厉害。"建议"家里送个腹卷（毛围腰）给傅以暖腹"。这名狱卒也是张树棠介绍认识的，妈妈曾去屈家看望他的老太太，并送去四色礼。妈妈带了"腹卷"、《新旧约》和仁丹等物再去探监时，没有见到人只把东西留下。十余天后，家里收到爸爸从牢里偷偷捎出来的一封密信，信中说徐乃健诬陷他是共产党，他不能承认。

第二次妈妈在高等系探视爸爸时，他刚能走动。会面时因为有高等系主任松原在旁监视，仍然不能交谈。妈妈给爸爸带去一条小手帕，上面绣着"珍重"二字，暗示他放心。为了解救虎口中的亲人，即便倾家荡产也在所不惜。他们几次通过张树棠给小野和青柳送礼，而青柳总是表示"慢慢的"。

10月某日，张树棠传来消息说爸爸将无罪释放。家里不放心乃去找青柳叮问。青柳明确告以：明日上午到警厅办个手续即可自由。次日，祖父与妈妈带着一件大衣早早去伪警厅大门外等候。谁知囚车到伪警厅前稍停又扬长而去，仅仅与爸爸远远地见了一面。家里怀疑受骗，妈妈去找青柳。青柳却两手一摆，摇摇头表示无可奈何。

据张树棠对祖父说，青柳未能实现诺言，与伪警厅小林警佐从中作梗有关。事情的原委是这样的：在此之前，中东铁路地亩局清丈科徐科长，在职时曾经因清丈地亩贪污。被损失者告发，小林负责处理这个案子。小林受徐贿赂处理不公，后被原告告至日本领事馆。经青柳调查结果证明小林受贿，徐科长被押小林受处罚。因此，小林有意报复。尽管这次努力落空，祖父母并没有放弃继续通过青柳用金钱赎买儿子，这是唯一的办法和希望。为了筹更多的钱同时也怕失业（因为此前爸爸托人给妈妈捎信，妈妈不在，信交给别人引起报馆怀疑。虽然不知监狱里关押的人与妈妈是什么关系，报馆还是剥夺了妈妈的编辑权），妈妈于1934年初冬，通过她祖父故友孙×帮忙，谋得中东铁路材料处办事员的兼职（报社见妈妈进了中东铁路而释疑，又让妈妈做编辑，因白天要到中东铁路上班，改为晚间在报社上班）。同时，爸爸呼海铁路的同学、同事也自发的募捐营救。祖父母又给青柳等人送去金镯、金表、宝石戒指等重礼。前前后后用去千余元。

1935年4月中旬，青柳通过张树棠告诉祖父母采用连环保的方式保释爸爸出狱。所谓"连环保"，就是由他保小野和张树棠，小野、张树棠出面保爸爸。他确信这次是牢靠的，果然，4月20日爸爸无罪释放。

爸爸被捕后，祖母曾到日本领事馆要求见儿子。遭到拒绝，回家服安眠药自杀被救，祖母在菩萨面前许了愿。儿子出狱后祖父母一为酬谢"恩人"青柳，二为还愿，在家里请客。席间，祖父对儿子能否回铁路复职表示怀疑。青柳一口应承说保证回铁路复原职，如不愿回原铁路，愿到满铁株式会社工作也可以帮助推荐。青柳的热情引起爸爸的警惕，他插话说，在日本领事馆受了不应受的重刑，把身体和脑子全弄坏了，第一步是先治好病。当时青柳又慷慨介绍在斜后街南头，某医院一位有名的日本内科医生。爸爸勉强陪着喝了两杯酒，席未散便假醉退席，躺在床上狂笑并胡言乱语耍酒疯。

约隔两三天，妈妈陪他到青柳介绍的日本医生那里检查病。结果诊断他患较严重干性肋膜炎及营养不良症，需医疗、休养半年方可痊愈。因此，他也当真吃药、休养。买了钓鱼用具，差不多每天到松花江僻静处独自钓鱼，什么人多的地方都不敢去，也避免与熟人接触。经观察证明确实无人盯梢，才去地方检查厅找王推事，而传达室说王已离职。找不到党的关系爸爸很失望，但也不敢打听或过江去找以前呼海铁路的党员，怕暴露了同志，发生是非。无奈，与妈妈密议决定俟机逃离东北。首先，把祖母打发去沈阳外祖母家；然后，迁离赵段长的官舍免得连累赵夫妇。由霁虹桥街搬到道里外国四道街一个大院的西厢房。这个大院的楼上，住着呼海铁路同人徐造端及其妈妈兼职于中东铁路的同事周树铁。同时，左翼青年金人每天晚饭后到这院一位苏联妇女处补习俄文。爸爸原本动员与党已经失掉联系的金剑啸一块出走，但他因家庭所累走不开。爸爸让金到齐齐哈尔邮电局找他的同学王任侠。金剑啸通过王任侠的介绍到黑龙江民报工作，暂时隐蔽。

爸爸出狱半月后，狱中展开罢饭斗争。冯看守带出姜学文口信，要他买些黄蜡，吃下黄蜡可以多熬时日。爸爸请祖父买好黄蜡交给冯。此间，他一面找党，一面尽自己所能帮助同志。不但如此，还运用文艺这一武器继续和敌人进行不懈的斗争。如：1935年6月11日和7月2日分别在《大同报》副刊《满洲新文坛》上发表诗《为了你》《我不是逃避》《藏着什么东西》等。

7月8日，妈妈在中东铁路局材料处快下班时，同事周树铁说接伪警厅电话让他转告妈妈再转爸爸第二天上午到刑事科谈话。当晚，全家围绕去与不去反复考虑、分析。最后认为如期前往才是上策。当时估计，假若有什么新的严重情况发生，敌人尽可以立即逮捕爸爸，不会电话转告。去，表示理直气壮。

第二天上午9点多钟爸爸到伪警厅刑事科。日警佐小林把他带到楼下一间密室谈话。小林一会儿和颜悦色，一会儿暴跳如雷，目的仍然是要他承认"九一八"之前参加过共产党。后来又"开导"他说大日本不究既往，只是讲清楚备个案。而爸爸一口咬定从来没参加过什么共产党。就这样，谈谈停停从上午到下午，最后小林急了，亲自开着摩托车把徐乃健从监牢里提来对质。徐向爸爸赧然一瞥低下了头。小林呵斥徐叫他赶快对质。徐犹豫一下对爸爸说、自己受刑不过牵连了同志，使同志也吃了苦，又说："你能出来，减轻自己一些负疚。"翻译制止徐说下去。小林听了翻译后，粗暴地摇着徐的肩膀叫徐复述他的口供。徐乃健懦怯地说，他已经说了几遍了，再没有新的好说了。小林追问徐，傅是不是共产党？徐说是。小林马上叫翻译把徐带下去，狞笑着对爸爸重复一句话："乔山道（共产党）的不是？"等翻译回来，小林逼爸爸赶快承认，不承认也要枪毙。爸爸坚贞不屈。于是，敌人发疯似的用皮鞋踢他，打他的耳光。失望之余，小林叫翻译把爸爸送回留置场。翻译出去一会儿回来对爸爸说，留置场快要下班，不收押了。于是又把爸爸引到楼上刑事科。小林又叫准备车子，送南岗警察署拘留所寄押。这时马警佐出来"说情"，让爸爸先回去，说他有保人，要跑也无处跑，但是，叫爸爸写个保证书——关于今天的审讯要保守秘密，不得告诉他人。并于明天上午9点到厅听审，还把爸爸的一顶新草帽扣下。这次没有录供也没有画押。

当爸爸走出伪警厅时，看见祖父已在门口等候。在回家的路上，爸爸对祖父说情况严重，不惜牺牲一切，乘敌人不备，坐晚车离哈去沈阳。祖父告诉爸爸，妈妈以接母病危电报为由，向社长张复生请假一周，明早车去齐齐哈尔，并预支7月份薪水。回家后整理简单行装，床上被褥及一切什物均原样未动。

天黑后，金人陪祖父拿着行李先去香坊小站。金人代买三张到沈阳的火车票和站台票，若被敌人发现就说是送祖父走。开车前半小时，夫妻俩假装去江沿儿散步，住房拉着窗帘，电灯没关，房门没锁。事先等在僻静处的徐造端为爸爸换上绸长衫和新买的礼帽，爸爸、妈妈雇辆汽车飞速去车站与祖父会合。祖父和妈妈先上车，分坐两处。爸爸始终站在站台上，一直等信号员给了发车信号他才敏捷地跳上去。

列车抵达沈阳南站，爸爸、妈妈等候在站前小客栈里，祖父行色匆匆去通知家住大西关太清宫后边的外祖母。妈妈与寡母、弱弟晤别，情急中外祖母也没有忘记给女儿拿些盘缠。俗话说，儿行千里母担忧。母女二人更不会想到这匆匆一别，竟成永诀。

　　爸爸、妈妈经沈阳到旅顺，乘日本商船"大连丸"号潜赴上海。爸爸化名张文，身着长衫、头戴礼帽装扮成商人。轮船行驶到青岛港需要停泊装卸货物，为安全计，二人不敢在船舱中停留等候，只好上岸在市区"闲逛"半日。海上漂漂荡荡几日总算平安。

六　虽九死其犹未悔

　　1935年7月15日，爸爸、妈妈躲过敌人四伏的陷阱到达上海，回到了"家"。然而，踏进"家"门并不意味着来到人间天堂。十里洋场，高楼耸立，人海茫茫，但是对于他们来说却上无片瓦，下无寸席。无奈，他们只好投奔唯一的朋友萧军、萧红并暂时寄居在他们极其简陋的家中，然后再做计议。

　　二萧是半年前由山东来上海的，那时他们只住一间阁楼。房主唐豪是律师（曾出庭为"七君子"辩护），他住二楼，楼下是他的办公室。这时的萧军夫妇刚刚开始发表些短文，生活也异常窘迫。幸亏爸爸还剩下四十多元盘缠，四个人勉强维持了两个月的生活。后来，萧军介绍说唐豪准备办小学校，那里可以住。爸爸、妈妈便搬了去。但是学校没有办成。在无可奈何之下，他们于9月下旬搬到法租界亭子间与舒群同住。先在这个里弄居住的有沙蒙、辛劳、塞克等一批潦倒文人。不久，爸爸、妈妈单独搬到英租界。祖父母在沈阳避居半年有余，不仅生活困难，更严重的是长期无户口不能久留，亦被迫尾随来沪。祖父母来后他们又由英租界搬到日租界的北四川路。七七事变时，爸爸、妈妈又在法租界与舒群、丽尼等人为邻。

　　从萧军处搬出时，爸爸、妈妈几乎囊空如洗，只好靠典当身边的衣物过日子。听妈妈讲：第一次舒群和爸爸、妈妈去当铺典当妈妈在齐齐哈尔的女朋友赠送的纪念品——一块坤式手表，舒群不好意思，远远地等在当铺外边。那时，"一件毛衣常常典当几次"。但是，生活的拮据并未使他们落寞和消沉。反之，却寄予一个强大的希望：只要爸爸找到地下党接上组织关系，一切困难都不在话下！因此，爸爸、妈妈总是怀着乐观的心情追寻着、奔波着。

然而，生活确是逼人——他们写了文章寄出去没人要。10月，典当已空，借贷无门。"三个人简直无法维持最低的生活"，又兼妈妈妊娠五个多月。在此上天无路、入地无门的时刻，只好每天借二房东的报纸看有无招考书记员的广告。一日，他们发现《申报》有一条"某书店招考粤籍女打字员"的广告。因为妈妈原本有华文打字之特长，虽非粤籍也只好投函报名，以冀万一幸取之计。未几，得复信：可往试。初到上海，妈妈的路径不熟。爸爸、舒群陪她前去面试。妈妈凭着一手漂亮的小楷和娴熟的华文打字，当即被录用。他们三个人总算暂时解决了断炊之苦，没有流落街头。尽管如此，在之后很长一段时间里，爸爸和妈妈也只能共吃一份客饭，事实上也仅仅将及半饱而已。

爸爸、妈妈流徙上海、武汉、重庆的几年间，在生死须臾可至的险恶日子里，假如单纯为了生活、为了苟安，爸爸完全可以凭着铁路供职七年的履历、凭着东北流亡交通界的资格到南京政府交通部报到登记，即刻便可以得到职业（这是国民党对沦陷区从事铁路、邮政逃亡人员的一种特殊措施）。不仅如此，就是在上海时的沪宁路、在武汉时的湘赣路、在重庆时的成渝路和月滇路都有从东北铁路逃亡出来的旧同人，他们在那里担任许多重要职务。同人们也都为他的生活考虑过，希望他能到各自所在的铁路工作。但是，爸爸对于这些出路都认为有碍于他的政治前途，而一次次地拒绝，一次次地放弃。

为了寻求革命真理，为了抗击日本帝国主义，在个人生活优裕与赤贫间，爸爸妈妈选择了后者。为了寻找党，为了追随光明，他们宛如飞蛾扑火虽九死其犹未悔。

1935年9月至10月间爸爸经舒群认识左翼作家联盟负责人周扬，见面接谈并填写详细履历，于11月正式接上党的关系并加入左联。罗烽、舒群、陈荒煤、周立波、沙汀在同一个党小组，领导人是戴平万。几乎与此同时，爸爸、妈妈开始在进步文艺期刊《海燕》《夜莺》《作家》《光明》上发表诗歌、散文和小说。

1935年年底，妈妈在吕班路家里生一男婴。小家伙儿聪明伶俐，逗人喜爱，十多个月时就能随着房东的风琴声摇头晃脑地哼唱。可惜，未满周岁却患了脑炎。那时的老百姓是万万得不起病的，挂一次诊号就要五块钱。动荡中的爸爸、妈妈再次忍受痛失爱子的煎熬。天下父母有几个不爱自己的亲生骨肉，又有谁不盼望孩子能茁壮成长？更何况这是他们夭折的第五个婴儿！

1936年年初，为了组织文艺界抗日民族统一战线，左联宣布自动解散。6月7日，党领导下的"中国文艺家协会"在上海成立，主席茅盾。"协会"在6月10日创刊的《光明》半月刊上发表了宣言，刊载了简章并公布了加入该会的会员：王任叔、朱自清、洪深、杨骚、郑振铎、欧阳凡海、罗烽、艾芜、臧克家、王统照、艾思奇、任白戈、沈起予、茅盾、谢冰心、白薇、周立波、徐懋庸、郭沫若、陈荒煤、丰子恺、沙汀、郁达夫、郑伯奇、叶紫、欧阳予倩等八十九人。在简章中说："本会以联络友谊，商讨学术，争取生活保障，推进新文艺运动，致力中国民族解放为宗旨。"时至今日，我们还能从当年夏丏尊6月25日发表在《光明》一卷二期的《文艺家协会成立之日》一文中简略地看到协会成立时的盛况。文中介绍说：

> 成立会是星期日下午二点。郑伯奇打开名单一看已有一百几十多名……后来三间打通的屋子竟然没有座位，许多人只得挤在墙边去站立。

爸爸被聘为协会的驻会秘书（另两位秘书林淡秋和欧阳凡海不驻会），负责协会日常业务，联络各部负责人以推动文艺运动。会址在法租界霞飞路支路环龙路中间的一幢楼的地下室里。这里环境较清静，行人不多，路两侧是高大的法国梧桐。因为是半公开的会址，爸爸为了安全常常以散步闲谈的方式与同志们接头会面、交换信息、传达工作。

"两个口号"展开论争后，爸爸最后虽然是在"国防文学"派这边签名，但态度是介乎两者之间的。爸爸在《文学界》（1936年8月10日，一卷三号）发表的表态文章《我对国防文学的意见》中，根据党的抗日统一战线的理论、根据东北抗日斗争的实践论述了"国防文学"口号的必要性。他认为："……正因为我们有了战线的统一，才有国防文学这个口号的需要。所谓国防，也只有有国家的民族才配去'防'，然而，根本没有'爱'国的决意，自然'防'字也就无从谈起了。"文章中含蓄地批评了统一战线不要阶级斗争的右倾情绪，同时也要警惕"民族主义文学"派借"革命"的假肢破门而入。

鲁迅先生病故的那天中午，罗烽、荒煤、舒群等刚开完党小组会，在环龙路街角的小餐馆里吃饭，从报童叫卖的"号外"上惊悉这一噩耗。三个人饭也没吃完，抱头痛哭了一场。爸爸的痛哭可谓百感交集。早在青年时代开始接触新文艺便受到鲁迅先生的影响，他十分景仰先生。当初鲁迅先生知道爸爸、妈妈到上海，在给萧军的信中说："你的两位朋友南来了，很好，等身体好些再见他们。"后来听萧红说先生要见他们，然而却被某种缘故耽搁了。送葬时爸爸是纠察队员，在殡仪馆里无比悲痛的爸爸得以瞻仰先生的遗容。

从关外潜赴上海后，爸爸、妈妈虽然生活动荡、日子艰苦，但文学创作却一步步走向成熟。爸爸仅1936年一年就在《海燕》《作家》《文学界》《光明》《中流》《文学》等刊物发表大量小说、散文、诗歌及评论等。稍后，分别由北新书局和良友图书出版公司出版短篇小说集《呼兰河边》及中篇小说集《归来》。短篇小说《第七个坑》被译成英文在《国际文学》上转载，《特别勋章》和《到别墅去》被选入上海良友图书公司编印的《1936年短篇小说佳作集》。

妈妈虽有家务之累，可她也努力地去创作。她先后发表了小说、散文《伊瓦鲁河畔》《轮下》《沦陷前后》《探望》《哀愁中》《女人的刑罚》等等。为了纪念"九一八"这个悲愤的日子，上海生活书店还专门出版了收有罗烽、舒群、李辉英和白朗等人作品的《东北作家近作集》。

爸爸、妈妈以上的这些作品大多以反封建、反侵略、反投降为主题，反映了东北同胞在日寇铁蹄蹂躏下所遭受的苦难以及他们英勇的反抗斗争。爸爸、妈妈在上海文坛的出现，特别是爸爸的迅猛崛起引起读者和评论界广泛关注。《光明》一卷八期（1936年9月25日）沈起予在《本志读者、作者、编者座谈会》的报道中写道，出席9月8日座谈会的一位读者说，小说我们喜欢《呼兰河边》《野战演习》《蒙古之夜》等篇。另一读者说，是的，我们特别喜欢罗烽、舒群两位的作品，因为里面都告诉了我们许多事实；像《王秀才的使命》那样从图书馆中得来的材料我们感不到多大的兴趣……

诗人杨骚发表在《光明》二卷二号（1936年12月25日）的评论文章《历史的呼声》中说，罗烽的《伟大的纪念碑》等诗，是国情危重的时代的"愤激反抗之声"，"这儿没有叹息，没有懦弱；这儿只有呐喊，刚强"。而对于罗烽的小说创作，立波在《1936年的小说创作——丰饶的一年》（1936年12月25日《光明》二卷二号）里有详尽的论述和评价。

> ……罗烽的《狱》等，在艺术的成就上和反映时代的深度和阔度上，都逾越了我们的文学的一般的水准……

> 另外，一位描写东北社会的新创作家罗烽和舒群有着不同的风格，如果说舒群是明朗，那么罗烽就是沉着。他没有舒群的锋芒，有时却比较深刻。他描写的范围很广阔，火车站附近的人们和狱里的人们写得最真切。他的《呼兰河边》是敌军蹂躏之下的一个牧童的悲剧……

> 罗烽大约是目击了或身受了敌人的残酷的待遇吧，他常

常悲愤地描写敌人的残酷。《第七个坑》也是这种主题。他在那篇上的成功，不是他的关于敌人的残忍的描写，而是他描写皮鞋匠耿大的恐怖心理的很少的几笔，和他反映"九一八"以后的沈阳的乱离的情况……

罗烽的描写"满洲国"官员荒淫和卑鄙（《到别墅去》），描写铁路工人的被损害的生活（《岔道夫李林》）也相当成功。

年底，几位东北作家办《报告》半月刊，编辑者署名是黄硕（即黄田）。1937年1月10日出版，可惜只出了一期。

1937年4月初，爸爸在上海迎来了哈尔滨的老朋友金人，他带来金剑啸英勇就义的消息。在沪的朋友无比悲愤，为了告慰九泉之下的英灵、更为了继承烈士的遗志，他们着手出版金剑啸的长诗《兴安岭的风雪》。在爸爸的倡议下，联合在沪的东北作家萧军、萧红、舒群、白朗、金人、杨朔、林珏等集资（个人稿费的一部分）与自愿捐助，出版了64开本的《夜哨》文艺小丛书，由上海科学图书公司发行。白朗、金人担任义务主编，罗烽则帮助跑印刷所和负责校对等杂务。书是在静安寺路哈同花园对面的中华书局印刷所印刷的。5月，小丛书陆续问世，有舒群的小说《松花江的支流》、金剑啸的长诗《兴安岭的风雪》和金人翻译的苏联绥拉菲摩维奇的短篇小说集。丛书出版后，林珏在霞飞路摆摊销售，很受读者欢迎。计划出版的还有周扬的一篇文艺理论文章和胡风翻译的罗森达尔的《社会主义的现实主义》等。可是，未及交稿，七七事变发生了。

七七事变后，抗日战争全面打响。中国文艺家协会成立了募捐办公室，由爸爸和欧阳凡海负责。同时，爸爸还与周扬等组织"文艺家战时服务团"，爸爸为该团的宣传部长，欧阳山副之。他们一面编印《抗日壁报》，秘密张贴各租界；一面深入难民区，慰问十九路军伤病员；同时组织劝募队为难民和伤员募捐。8月13日那天，日本飞机在上海大世界扔下炸弹，战时服务团正在那里募捐。炸弹在怀孕六七个月的妈妈身边爆炸，所幸没有伤着。她与死神擦肩而过！

随着上海战事吃紧，9月5日，爸爸、妈妈奉组织命令撤退内地。同行者有任白戈夫妇、沙汀夫妇、丽尼夫妇、舒群、杜谭、黄田及他的小女儿。由于上海到南京的铁路桥被炸，火车走走停停。目之所及都是争相逃难的人群，所有的一切都变得杂乱而无序。出发前为安全计，要求每个人轻装，不能因个别人而拖累整体。尽管如此，兵荒马乱中还是出现许多意想不到的差错：沙汀花两块钱让挑夫扛他的衣箱，拥挤中衣箱被拐跑，沙汀急得坐在铁轨上哭骂龟儿子。后来发现丽尼提的箱子是他的，原来两个箱子相似，情急中错把丽尼的箱子交给挑夫。妈妈晚年对我们说："舒群挺憨厚的，一路上的苦活累活像扛行李什么的都是他。一次生气了，不管三七二十一把黄田的包袱给扔了。其实黄田带的东西并不多，黄田也不分辩，自己捡起来了事。你爸爸脾气上来不得了，他分配杜谭在车下看行李，他和舒群往上扛行李。结果杜谭挤去抢座位，你爸爸跟他火了。那时候同志之间毫无芥蒂，深了浅了并不记恨。大家都不容易。"

爸爸和舒群从上海出发前计划由南京北赴山西战场，祖母专门为两个年轻人各缝一个大大的行军包。在南京的下关，爸爸与祖母、待产的妈妈分手。她们去不了前线，只好投奔爸爸、妈妈在武昌邮电局当邮差的老舅崔紫祯。身怀六甲的妈妈上船时差一点被蜂拥的人群挤下江中，幸亏祖母一把抓住她。她再次与死神擦肩而过！腹中的婴儿、肩负的背包，累得她双腿发软、眼冒金星。若不是一名船警跑来帮忙，婆媳俩连身背的包袱也解不下来。

此时，任白戈、沙汀回四川。爸爸与舒群住南京的平津流亡学生同学会。在那里遇见荒煤和北平来的金肇野、师田手、李墨林、何估（吕荧）、刘天达（雷加）、白晓光（马加）等。在同学会，爸爸一面等待北上交通恢复的消息，一面帮助办同学会的小报。这期间，华汉（阳翰笙）通过荒煤约爸爸留下编刊物，爸爸没有同意。事后他说拒绝的理由有二："一是个人被'打回老家去'的热情支持，决计去山西前线参加抗战；一是在上海对他被捕有许多传闻，而究竟如何不甚了然。"随后，大同失守，北上火车不通。又兼何去何从无人负责，特别是身上的钱即将用尽。当然，只要留下办刊物立即就可以摆脱经济上的窘境。但是，半个月后爸爸还是毅然去武汉。从上海撤退时组织关系在沙汀身上，沙汀的南去使爸爸失掉党的关系。

七 追寻心中那片彩虹

　　爸爸到武汉后旋即与聂绀弩、丽尼创办文艺半月刊《哨岗》。《哨岗》以迅雷不及掩耳之势于10月16日正式出版。此时由上海到武汉的文艺工作者还不多，《哨岗》不啻是抗战后武汉进步刊物的开路先锋。从山东大学高兰教授保存至今的一本创刊号，可以多少了解一点当年条件的艰苦及他们因陋就简的创业精神。为了快速地配合抗日宣传，更因为那短缺的纸张，杂志没有封面，只在首页的右上角由罗烽手书"哨岗"二字为刊物的名称。三个人配合得很默契，稿源也充足。第二期有柯仲平、白朗、赫公等人的文章。发稿送审后却得国民政府汉口党部"不准印行"的通知，就这样《哨岗》被封杀了！

　　在《哨岗》面世前夕，胡风亦于10月1日来汉口。罗烽、白朗、丽尼、绀弩同去看望胡风。谈及正在筹创中的《哨岗》，胡风希望他们停办《哨岗》，和他共编《七月》——以免分散力量和稿件。并说已得到友人资助，经费无问题。当时，爸爸考虑《哨岗》系小型战斗性的半月刊，以刊载杂文、通讯、报告及漫画之类的小文章为主，恰好与大型文艺月刊配合战斗，遂婉拒。

　　爸爸在武汉的文艺界还是蛮有号召力的。爸爸、妈妈的表弟刘柏罗回忆说："当时我们学校在汉阳，开会常常到武昌或汉口。文艺界的一些名人如柯仲平、聂绀弩、丽尼、胡风等都是在罗烽家认识的。他们碰上罗家吃饭也不客气就留下一块儿吃。罗烽挺有号召力，也有威信。大家都听他的，连柯仲平也很尊重他。罗烽介绍许多人参加革命活动。我参加地下学联时，领导人吴基盛向人介绍说'刘柏罗是罗烽的关系'。学联的一些宣传品我常常带到武昌让白朗给我藏起来。纪念'九一八'时，学联要上街游行，我拿着罗烽的信去找张仃、特伟等帮助画宣传画。我把身上仅有的一块两角钱都买了白布。张仃画的是中国人拿着一个三齿叉子戳在熊的身子上，但长的不是熊头而是日本鬼子的头。那时生活很苦，特伟的住处连床都没有。他是趴在地板上画一条长长的横幅：许多学生戴着枷锁。'九一八'那天，我们打着横幅、举着宣传画上街游行。白朗听说学生队伍中一个姓刘的东北人被枪打倒送医院，把她急得要命……"

在武汉时期，爸爸与柯仲平过从甚密。因为在青年时读过柯仲平的长诗《风火山》，受过他革命思想的熏陶，所以非常尊敬他。10月19日，鲁迅先生逝世一周年。文艺界在汉口某影院举行纪念会，柯仲平在会场朗诵纪念诗。当时武汉政治情况非常复杂。为了防范不测，散会后爸爸掩护他出会场并陪他渡江回武昌。

没过几天，柯仲平对爸爸说日内将去延安。爸爸乃托他给周扬带口信，要求去延安，并希望尽速给予回音。这是爸爸撤退中，丢掉党的关系后第一次主动找党的情形。

11月12日，妈妈在武昌花堤下街四号他们舅父家的危楼上生儿子傅英。

月底，师田手从衡阳持徐志（特立）致西安八路军办事处函，并带一批华北联大学生到武汉，拟转赴延安投考抗大。师田手约爸爸同行。彼时，爸爸因刊物被禁，又无心情写文章，正处于抗日战争如火如荼、个人情绪彷徨苦闷的境遇中，得此消息异常高兴。翌日即携吕荧以及正在湖北省立高级工业学校就读的表弟刘柏罗同师田手一行前往西安。此时，妈妈产后不及一月。

爸爸带着这批小青年从武昌一个叫徐家棚的小站上火车，因为没有车票，大的火车站不敢上。几乎整个车厢都被他们占满，一路上吹拉弹唱像个战地服务团。在郑州换车时，他们在站台上足足冻了一天一夜。半夜里爸爸冷得无奈，领头在站台上跑步。

到西安先找个小旅店住下，然后去七贤庄八路军办事处。接待他们的是伍云甫和李初犁。几天后，办事处通知抗大不收新生。同行的学生有的去了八路军军政干部学校。爸爸提出赴山西参加八路军，但伍云甫说："八路军总部不一定需要文化人。"他又提出愿去延安，初犁要他填写履历回旅店听电话。大约第三天接电话，要他携带行李速去办事处，初犁交给他致周扬的介绍信。即将开车前，伍云甫又把他叫下车，很简单地说："你不能去延安了！"爸爸再找初犁询其原委。初犁解释说去延安的汽车是雇租的商车，办事处无力替大家出车钱。爸爸说愿自付车钱。车费需九元多，而他身边仅有五元多。与其商量到达延安后补足，未蒙允诺。于是他无奈地把行李从车上取下来，怅然回旅店。当时作曲家向隅抱着提琴坐在大卡车的前面。这是爸爸失去与党的关系后，第二次主动找党的情形。

延安之行破灭了，但他并不甘心回后方，乃同一批准备投考山西民族革命大学的学生去临汾。在临汾，住平津流亡学生同学会。旋即为少先队动员剧团所请，担任该团编导，曾随团到临汾四乡公演多次。与此同时，"民革大学"约他去教书。因为不太了解该校的政治背景，又兼入校学生迟迟不能正式上课，袖管上挂着红布条满街闲逛，学生对该校多有怨言，因此他没有去。又考虑动员剧团非长久之计亦非来晋目的，加之临汾发生托派张慕陶事件，政治情况混乱，遂与师田手等商量去刘村八路军总部找李雪峰。可惜，他们到刘村时适逢李雪峰他往。爸爸失望返临汾，于12月底回武汉。这是爸爸失去与党的关系后，第三次主动找党的情形。

随着战事失利，华北地区大部落入敌手。上海沦陷，南京危在旦夕。1937年年底国民党中央政府被迫迁往重庆，武汉成为全国抗战的中心。各地的爱国文化人相继会聚武汉三镇，使抗战文艺出现空前的大发展。1938年1月11日《新华日报》在汉口创刊，3月，中华全国文艺界抗敌协会成立。爸爸和妈妈同是"文抗"发起人之一，爸爸还被选为理事。

今天，当我们翻开那些已经泛黄的当年报刊，随处可见关于"文抗"的活动情况。1938年6月25日《抗战文艺》上的消息说："'文抗'为了保卫大武汉，定在七七纪念日主办一次大会演《保卫大武汉》，由一群留在武汉的作家集体创作的。参加创作的有老舍、宋之的、适夷、荒煤、蓬子、舒非、舒群、绀弩、葛一虹、以群、王莹、辛汉文、许之乔、罗烽十余人。分四幕，宋之的、荒煤、罗烽、舒群各一幕。将动员全武汉的剧人和文艺工作者参加演出。"当年这些"文抗"战士不但写戏、演戏，还组织报告会、诗歌朗诵会等。

战火日逼武汉，6月底爸爸到码头送家眷上船。妈妈怀抱半岁的儿子傅英，和婆母随着拥挤的人群溯江而上，先去重庆。下船时，妈妈一家的行李被挑夫拐跑，除了随身带的物品只剩下领取行李的竹牌子。幸亏王克道（不是文艺界的朋友）在码头预期接到他们祖孙三人。8月上旬，武汉的战局更加吃紧，留下坚守的"文抗"人员也纷纷撤退至重庆，爸爸费了九牛二虎之力搞到一张船票。同船的有陈波儿、梅林和端木蕻良等人，乘船时恰逢农历七月十五日民间的鬼节，江面上漂浮着许多河灯。

在武汉将近一年的时间里，爸爸除了千方百计寻找党，积极投身轰轰烈烈的抗日工作外，于1938年1月出版中篇小说集《莫云与韩尔谟少尉》，3月初开始在丁玲、舒群主编的《战地》上连载长篇小说《满洲的囚徒》，同时帮助舒群做些《战地》的编辑工作。5月，出版多幕剧《国旗飘扬》，6月，与适夷、锡金、罗荪等创作多幕剧《台儿庄》，继之与宋之的、荒煤、舒群创作多幕剧《总动员》等。

八 策马扬鞭笔游击

抵渝后，爸爸是"文抗"理事会的常务理事，负责领导"文抗"总会研究部的工作。（老舍1957年回忆当年重庆"文抗"的组织情况说："因怕张道藩抢做主席，所以根本不设主席，而只设几个部长常理会务。"）时局的恶化，人们纷纷后撤，重庆的房子又贵又难找。经洪猷表嫂王×卿帮忙爸爸在江津租到一间房子，好歹把家安顿下来。爸爸不经常在家，多数住在重庆临江门横街33号"文抗"会所。未几，大腹便便的萧红由重庆到江津住在妈妈那里待产。两个月后，妈妈把即将临盆的萧红送进医院。在这家私人小医院里，萧红顺利生下一个白白胖胖的男婴。孩子有张圆圆的和萧军一模一样的脸，但这孩子却是短命的。孩子死后，妈妈的房东说在家坐月子晦气，不同意萧红回来。无奈，妈妈为苦难中的女友多带几件御寒的衣服，送她坐船去北碚。江边上，两个朋友握别时，萧红凄然地说："莉，祝你永久幸福。"

妈妈说："我也愿你永久幸福。"

"我吗?"萧红惊问着，接着一声苦笑。

"我会幸福吗? 莉，未来的远景已经摆在我的面前了，我将孤寞忧悒以终生!"

船开了，二人挥手告别，这一挥手竟成隔世。

1939年2月，爸爸、妈妈的家由江津搬到重庆。"五四"大轰炸时，爸爸和老舍等正在青年会馆开会。会议当即决定各自想办法躲轰炸。爸爸匆匆带着家眷和以群、杨骚、白薇、欧阳山等暂避江南岸，住南温泉第二旅社，在此建立"文抗"新据点。

组织作家到前线实现"文章入伍"的工作，早在1938年3月27日中华全国文艺界抗敌协会在武汉成立未几便议定了。但是，由于经费以及交通工具难于解决而延误。在"文抗"成立一周年的纪念会上，要求尽快组织作家到战地访问的呼声更高。5月3日、5月4日两天日寇连续对战时首都重庆实施了震惊中外的狂轰滥炸。山城瞬间变成火和血的海洋。敌人两天屠杀五千多人，二十万百姓无家可归。这激起每个爱国者火的愤怒、血的澎湃。"到前方去！""到战地去！"成为作家势不可当的志向。就在这血的5月，"文抗"终于从成立不久的国民政府军事委员会战地党政委员会筹得三千五百元补助款，使作家到战地的夙愿得以实现。

"文抗"组织作家战地访问团的消息传来，爸爸、妈妈异常激动。"到前方去"是他们两年来迫切的期待。可是，把未满一岁半的孩子和一向都未脱离过凭依的老太太留居那险恶的环境中，无疑是残酷的。明知在敌机疯狂的轰炸下，对于那一老一小的安危将是一种无尽期的牵挂。妈妈说："到前方去！我也曾几次私自下过决心。然而，那新生的孩子，我是怎样也不忍离弃的。"

访问团的组织酝酿了多久，爸爸和妈妈的忧虑便持续了多久。但在国难当头民族危亡之际，妈妈还是"用锋利的刀割断这难断的感情"。足足一个多月的筹思和奔走，最后在朋友的帮助下，在出发前两天总算把老人和孩子从市区安顿在重夫南岸铜元局的华裕农场。这里有一位同乡好友的家眷可以帮忙照顾　又蒙"文抗"借一笔钱款留做祖孙二人家用。妈妈挣脱家庭的束缚和孩子的羁绊，与爸爸同赴战场。

访问团的目的，正如他们在告别词中所明言：最重要的是用笔去暴露敌人的残忍；搜集材料；沟通战地和后方，沟通敌后方和国际作家的联系。人员由在渝的会员组成，"要把小说家、诗人、戏剧家、长于写报告文学的和会绘画的，配备起来，以期搜得材料之后，在文艺的各部门都能有所创作。"6月14日，访问团在重庆生生花园饭店举行出发仪式。周恩来、郭沫若、邵力子等出席并致勉励词，郭沫若还授了三角团旗。老舍在会上发言说："有组织有计划的访问，这是头一遭，要把头一遭做好，用不着说是必须加倍卖力气的。……说句不甚近情理的话，这头一次简直不许失败！"

6月18日清晨，作家战地访问团离开细雨迷蒙的重庆，开始他们为时半年的战地生活。老舍、王平陵、沙雁等许多朋友到车站送行。访问团由十四人组成，团长王礼锡，副团长宋之的。全团下设宣传、采访、编辑、组织、总务五个部，各部负责人分别为以群、罗烽、杨骚、袁勃、陈晓南。团员还有李辉英、白朗、杨朔、葛一虹、方殷、张周和王礼锡的秘书钱新哲。

王礼锡1901年生于江西安福，多年从事文化工作，在海内外有一定影响。抗战爆发后，他在欧洲积极参加国际援华活动。1938年12月回到抗战中的祖国，决心"一回来就到反日的最前线去——即敌人的后方，去观察、去受难、去斗争"。周恩来副主席在组团之初向该团几个负责同志推荐并嘱咐：一定要尊重礼锡先生。说他是位真正的爱国者，他从英国返回祖国就是为了参加抗日救亡运动。他不图名利，更不想做国民党的官，只希望马上奔赴战地当一名普通战士。此次，他还兼任战地委员会冀、察、绥、晋指导员的任务。

当时打算到战地的作家很多。据说安娥、赵清阁以及王礼锡夫人陆晶清也都报了名，但因种种原因最后只有白朗、张周两位女将踏上征途。

访问团拟定的旅行路线：由重庆经西安、洛阳，回到渑池过黄河，绕晋东南、河北、绥远、察哈尔、晋西北，再从西安转回重庆。出发前也有几个人悄悄商议去延安。六十多年前，访问团一路所经历的艰险有恶劣的自然环境造成，也有人为因素使然。

出发前，王礼锡先生曾收到国民党特务机关寄来的恐吓信，内附三颗子弹。出发后，敌机时常出现在他们的头顶，而他们也时常挺进在日寇枪炮射程之内，随时都有牺牲的可能。有时，因为桥断、车坏，他们要在伸手不见五指的雨夜荒郊一口气徒步四十五里。有时，在那险峻、陡而狭的山路上，在凹凸不平、水流湍急的河床中挣扎；不论是善于骑马的罗烽、葛一虹，还是从未骑过马的白朗，几乎人人都有翻身落马的险历。妈妈说："骑在马背上像喝醉了酒一样，左右摇摆，恐怖的心始终在紧缩着。"

访问团出发适逢雨季，走在阴雨绵绵的中条山中，没有雨具，他们常常"自头发到鞋子，每一个地方都拧得出水来"。从灵宝到洛阳虽然有特别快车，但"为了节省五十几元的经费，终于狼狈地爬上了满载甘草和棉花的货车……太阳一起来，毒得可怕！我们坐在有铁皮盖的车里，身体像烤炉里的面包，一会儿比一会儿灼热起来"。

夜晚，他们有时要"宿一鸡毛小店中，只有一间房，那房子除了顶棚之外仅有三面肮脏的土壁，另一面完全敞开着，既没有窗，更没有门。床多半是用门板临时搭成的，那腺臭的空气，几乎使人不敢呼吸"。有时"就在那阴湿而黑暗的窑洞的湿地上，铺上稻草腾云驾雾地睡一夜"，而在蝎子、臭虫、蚊子的攻击下又彻夜难眠。

访问团此次主要访问卫立煌将军所辖的第一战区。他们先后对中条山、太行山两战场从官到兵，从司令部到战壕掩蔽处，从伤兵医院到俘虏收容所都做了认真的采访、慰问，并向"抗战第一功"的长官司令卫立煌先生献上"民族干城"的旗子。向曾在娘子关、韩侯岭、琉璃河、大别山以及唐河建立下伟大战功的孙连仲将军献上"中原屏障"的黄缎锦旗。在献旗仪式上，卫立煌将军激动地说："'一支笔可抵十万毛瑟'，诸位来到前方，无疑给兄弟增加了一百四十万雄兵……"

在宝鸡，他们访问了中国工业合作协会西北分会主持的各种工业合作社；在西安，他们访问党、政、军各机关，受到各界的热情欢迎；在绛县，采访了带迷信色彩但有广泛群众基础的抗日组织——红枪会；为了看看公教在中国所作的人道救济工作，访问团拜谒了中国人民所感激的比利时友人雷鸣远神父，并听他报告华北战地督导民众服务团的工作。

战地生活紧张而艰苦，甚至险象环生。然而，革命者永远有颗年轻的心，在他们集体生活的日子里，随处有欢乐，随时有幽默。现在看了当年留下的文字记录，仍然让你羡慕，让你向往，让你忍俊不禁。

访问团的集体日记《笔游击》7月9日记载：

> 夜是很静，风也很猛，屋子是空空落落，鬼气森森，一意味到鬼，就谈起鬼故事来了。谈鬼之余，骚公便乘机声言，他不仅在睡梦里喜欢唱唱京戏，有时候还要在睡梦中起来到地上、桌子上、乃至屋顶上散散步的。他的身边凑巧就放了一把刀，"小心吧，我杀了你！"他对以群说。以群倒没什么，可苦了白朗。她吓得一夜没好睡，怕鬼，也怕骚公的梦游。

妈妈在《我们十四个》一书中，7月18日记录：

> 警报！
>
> 礼锡刚好去理发。
>
> 警报没解除，他被一个勤务兵接回来了。据说他刚坐好，理发师的剪刀才剪了几下，警报的笛声就无情地响了。
>
> 他大模大样地走了回来，大家也大模大样地笑了一阵。
>
> 独立旅的车子来接了。他没有来得及去把头发理好，便大模大样地随着大家上了小汽车。一下汽车，独立旅的官长们列队敬礼。我们的礼锡团长甩着宽大的裤脚大模大样地还礼，也大模大样地走进了窑洞，满不在乎，似乎忘记了脑后

那青灰色的长长的一条剪痕了。

这却苦了我，我忍得肚子好痛。终于忍不住了，偷偷地笑得喘不过气来。吃饭的时候，我不敢看他一眼，也不敢想他一下，终于他向高旅长把剪发的故事说了，我才随着大家又笑了个痛快。

头发缺了一条并不十分好笑，好笑的是他那大模大样、满不在乎的神气。

他讲了一个故事：

一个英国人专心研究中国，他酷爱中国的一切，一切都学中国人的作风……

突然，对面的晓南咯咯地笑了，他悄悄地对我说："要是那个英国人看见礼锡的头发，也一定要学着剪去一条呢！"

在中条山，某副军长告诉他们一个有关"师爷的故事"。老百姓问副军长："他们这一群没带枪，又没系武装带，骑着马跑来跑去，究竟是做什么的？""他们是作家，是写文章的。""写文章的？不懂……"他们摇着头。"就是写字的……""写字的？哦，哦，明白了，师爷，他们就是师爷啊……那么，那两个女的呢？""女的也是一样啊！""哦，也是师爷，女师爷！"这回他们可彻底明白了。

而在8月26日的描述尤其精彩：

路几乎完全是下坡，我们牵着马，踏着没胫的泥泞向下滑着走，因为大家穿的都是胶底鞋，就更增加了滑的程度。摔倒的一个接着一个，弄得满身泥污，狼狈不堪！

晓南在前面跑，袁勃在后面警告着：

"喂！晓南，不要跑。小心滑倒啊！"

"不要紧，我不会跌……"晓南话还没有说完，竟扑通一声倒了下去。后面的袁勃胜利地哈哈大笑，他张大的嘴还不曾合拢，一个不小心就着实地坐下了，当他站起来的时候，竟沾了满屁股稀泥。

艰险与欢快交相编织。

访问团在中条山遭到最大的不幸是王礼锡先生因积劳成疾兼之误诊，救治不及时，于8月18日发病，8月25日清晨去世，礼锡先生的墓地选在龙门。国民党政府中央社28日向全国播发了这个沉痛的消息。在临时首都重庆举行了隆重而又肃穆的追悼大会，参加大会的有中央宣传部部长叶楚伧和陈铭枢、黄少谷等，中共代表有陈绍禹、吴玉章、何凯丰和新四军叶挺将军。文艺界有沈钧儒、邹韬奋以及其他名流几乎全部到会，《新华日报》潘梓年、吴克坚、戈宝权、许涤新等也都参加了大会。礼锡的突然病逝对访问团是个沉重的打击。礼锡大殓后，军政部的名医对全体团员进行了一次体格检查。妈妈因贫血、心脏衰弱、气管发炎等病需要马上休息就医。无论她多么眷恋着前方、眷恋着这个战斗的团体，多么不甘离去，但是，医生的诊断已使她别无选择。她不能拖累团体的行动。葛一虹也因气管炎加重，在登车的前一刻决定退出。

作为丈夫，爸爸理应陪护病中的妻子回后方。是服从亲人的需要，还是服从于"前方"的需求？在私与公之间，爸爸再次选择了后者。9月5日，爸爸、妈妈在渑池车站含泪握别。爸爸在《别》中写道：

> 七八年来的生活，
> 总像含着一枚青果，
> 穷困、灾难与别离，
> 塞满了一嘴的苦涩。
> 今天，你我又是皱一皱眉，
> 微笑里暗藏着几行酸泪，

谁能骗谁呢？

　　你我都饱尝过"别"的回味。

　　渑池分手后，宋之的、罗烽、杨骚、以群、杨朔、袁勃、陈晓南七人进入晋东南的太行山区，进而直指长治、长子最前线。11月抵达老河口访问驻军，同时还与文艺界举行座谈会。恰逢美国作家史沫特莱由赣、皖、豫达老河口，也参加了座谈。而后，访问团转道湖北襄樊、随枣一带，于12月12日返归重庆。16日，"文抗"开欢迎会，到会七十多人。23日，"文抗"在青年宫招待各界，并请南北两路慰劳团的参加者及作家战地访问团报告观感。郭沫若主持，各界来宾共一百四十余人。宋之的首先对王礼锡不幸病故表示哀悼，然后报告该团访问情况及感受并指出急待解决的问题。为此12月26日《新华日报》发表《积极加强战地文化工作》的社论。社论充分肯定了访问战地这一行动，同时号召："一切从事文化的人能到战区去，负起加强文化宣传的工作，争取抗战的最后胜利，和粉碎敌人的一切进攻和阴谋！"

　　访问团不辞辛苦、风餐露宿、千里迢迢访问战区、慰劳官兵及民众，"给予前方军民以异常的兴奋与鼓励"，"使得战地的文化工作更有了辉煌的发展。……组织了文抗通信处，晋东南更成立了文抗分会"。同时作家们经过这次访问，深入生活，为创作提供了极为丰富的素材。

　　1940年1月，爸爸与戈宝权、罗荪等主编《文学月报》，并与在渝文艺工作者老舍、宋之的、欧阳山、沙汀、杨骚、葛一虹等组织作家合作出版社，爸爸被推为该社社长。遗憾的是因为欧洲战局的影响纸张无来源，印刷、发行均感困难。虽经五个月的筹划，不得不暂行忍痛停办。

　　3月，敌机持续狂轰南岸。兵慌马乱中，爸爸和宋之的两家一同迁往北岸的宝胜寺（宋之的夫人王萍的娘家住在此）4月10日，妈妈生女儿傅华。9月初，迁回华裕农场。

1940年秋冬两季，是大后方进步文艺期刊蓬勃发展的时期。10月，周恩来在曾家岩八路军办事处召集文艺、文化期刊编辑联席会。为了加强四大进步刊物的力量，为了有计划地配合作战，会中组成了联合编委会，爸爸为联合编委会的编委之一。会议决定：《文学月报》（戈宝权、罗烽、罗荪主编）要尽力吸收并提携青年作家，开展文艺活动；《七月》（胡风主编）继续团结七月派作家；《文艺阵地》（茅盾主编）争取成名的作家，担负文艺界的领导作用；《艺术工作》（郭沫若、冯乃超主编）要加强艺术的研究。

这一年爸爸出版了短篇小说集《粮食》，在《新蜀报》上陆续发表近百首《战地诗草》。长诗集《碑》、杂文集《蒺藜集》在桂林出版。秋患疟疾至冬，写完长篇小说《满洲的囚徒》第一部，交读书生活出版社。

这期间，妈妈在《大公报》《抗战文艺》《东北论坛》等发表大量报告文学、散文和评论等，并分别由上海杂志公司出版中篇小说集《我们十四个》（1940年2月），中国文化服务社出版中篇小说集《老夫妻》（1940年4月），香港商务印书馆出版散文集《西行散记》（1940年初版、1941年再版）等。他们以上作品的中心内容，都是以暴露日寇侵占东北的残酷罪行及人民英勇反抗为主题，以鼓励人民参加神圣的抗日战争为主题，以反映大后方人民抗日的高昂热情为主题的，也都是与中国共产党每个阶段的政治任务密切相联系的。

九 在圣地延安

　　爸爸晚年送我一枚中央党校校徽。校徽比我的年龄大，那是爸爸1943年在延安中央党校学习时佩戴的，背面的别针已破损，无法别戴了。但是，多年来他却像传家宝一样珍藏着。校徽不大，长三厘米，宽二厘米。斑驳的铁皮从背面包着一片透明的胶片，中间镶嵌着一面红旗。旗子左上方是中国共产党党旗标志——镰刀斧头；右上角是毛泽东免冠头像；镰刀斧头的下面从右至左横书"学习"二字。

　　面对这极不起眼的小小胸章我痴想：当年拥有校徽的主人，历经一次又一次的"革命"，几乎人人都发生过这样或那样的变故。一个多甲子年过后，它的孪生兄弟存世几何？接着又宽慰自己地想象着，即便它们从物质的层面上不复存在，但它们的灵魂已然融入其主人的胸膛里，永远别挂在主人的左心坎上。

　　历史进入21世纪，"自由、民主"作为时代潮流势不可当。当初，共产主义理想对人们思想的冲击究竟多大、多深，无法估量。在那个年代，革命先辈对理想、信念的执着追求是我们无法想象的。"前事不忘，后事之师"，我们要牢记历史。

　　1941年1月6日皖南事变发生后，国民党加紧对文化领域的统治。他们封闭书店、禁止进步文艺出版物。国民党特务则开始疯狂迫害重庆的左翼文人和进步文艺工作者。周恩来为保全文化干部，决定进步作家及文艺家秘密退出山城。事变未几，周恩来派宗群通知妈妈带家眷先期撤退。妈妈带着一双小儿女和老太太被接到重庆八路军办事处准备行装。两天后，化装成办事处家属随十八集团军家属乘汽车奔赴延安。妈妈化名罗秀芬，同一汽车的有艾青夫人韦荧和欧阳山妻子草明等人。出发前，妈妈和祖母认为自家的棉衣可以抵挡风寒，所以没有要办事处发给的棉大衣。然而，卡车越往北行驶天气越冷，孩子冻得哇哇叫。

陕北的1月，气冻霜凝。可是，天寒地冻挡不住那一颗颗怦然跳动的"归家"之心。

2月14日到达延安，妈妈被分配在"文协"工作。表弟刘柏罗当时在安塞茶坊的兵工厂，听深入生活的作家师田手说罗老太太和白朗到延安了，他匆匆赶了七十多里路跑到杨家岭去看望。武汉一别几年，又重逢了！千言万语不知从何说起。妈妈一边忙前忙后招待一边听他讲述在西安与表哥罗烽分手后的情况，组织分配他到一一五师军政干部学校学习，1938年4月随学校突围行军两千多里到延安。一个个的游子回"家"了，罗烽什么时候能归来？亲人们殷切地期盼着。

2月，罗烽、艾青和画家张仃奉周恩来的指示去延安。他们搞到一张绥蒙指导长官公署开的去榆林的护照。榆林在延安北边，由国民党的杂牌军管辖。25日由山城出发，行前周恩来赠千元路费并嘱咐他们走大路，不要走小路。万一被扣留就打电报给郭沫若（时任国民政府军委会政治部三厅厅长）。持护照者的身份是绥蒙指导长官公署文化组组长，出发时将护照的人数由一改为三。考虑张仃在榆林待过又刚从延安出来，情况比较熟悉，就让他充当持护照者，遇上情况也好应付。因为艾青在大后方有一定影响，尽量少露面，算是秘书。机敏而沉着、有多年地下工作经验的爸爸自告奋勇充当马弁。上路前做准备的时候，爸爸到理发铺剃光头。理发师傅可惜地说："你的头发不是很好吗，做啥子剃光？"艾青在旁搭腔说："他让你怎么剃就怎么剃，管他做啥？"就这样他剃了光头，穿着褪了色的棉军衣，跟在轿窝子后边，手脚麻利，活脱脱一个老练精干的勤务兵。为此他得一绰号——天才演员。

三人到达宝鸡，住画家张执中家阁楼上。爸爸想得周到，他到街上给自己的"上司"们印了一些名片。恰逢严辰、逯斐夫妇也在宝鸡，他们要求同行。这样，护照上的人数又将三改为五。从宝鸡搭火车，经咸阳往北到终点站耀县。在城门洞里，爸爸扛着行李，张仃递过去印有他头衔的名片和护照。检查人员打开行李、箱子，见里面装满高级点心、礼品还有一封封给某些大人物的函件，就懒洋洋地让他们进去了。找到旅店住下，爸爸先把第二天上路的轿窝子雇好。听说军警还要来查房，他不敢睡，一直拿着护照在房门外候着。半夜，他领着查房的警察核对过人数后，对方却要拿护照回去给局长过目。爸爸心里着急，可表面却沉静地说："已经雇好车，明天清晨赶路，我随你到局子里去。"来到警察局，局长不在，护照被扣下。

　　黎明时分，爸爸把大家叫起来做出发准备后，独自一人去找那个警察，口气强硬地说："我们长官发脾气了，看个护照还用一夜吗？耽误了我们办公事，谁负责？"那人睡眼惺忪地从局长室取了护照还给爸爸，发牢骚说："局长打了一夜牌，才回来，啥法子？"一路上像这样有惊无险的检查、盘问，不知经过了多少。

　　3月8日，信天游的歌声伴着他们走进陕甘宁的重镇——交道镇。这里看不见碉堡、岗楼，取而代之的是手拿红缨枪站岗放哨的妇女、儿童。此情此景令人兴奋，张仃竟像孩子般倒在地上打起滚来，并放声朗诵："啊！母亲，我的母亲！"抵达延安，中共中央书记张闻天、宣传部代部长凯丰设宴欢迎。

　　皖南事变以前，爸爸曾向周恩来要求去延安。其原因是痛感创作生活的空虚及物质生活的压迫。后者迫使前者不断地生产，而"创作"又碍于国民党特务统治下，不能畅所欲言；一旦停笔，又有断炊之焦虑。然而，最使他痛心疾首的是失掉了组织关系。失掉它，如同失掉灵魂一样。朋友回忆那段日子说："在重庆，罗烽有时喝酒，喝醉了不打不闹只是哭。"

　　妈妈对我说："你爸爸一辈子没打过孩子，但是在重庆有一次你哥哥不好好吃饭，坐在旁边哼哼唧唧。你爸爸发火了，朝你哥哥坐的小凳子踢去，把孩子吓坏了。奶奶为此不高兴。其实，你哥哥平常挺乖的。要吃饭了，自己抱个小凳子在一个高椅子上悄悄吃。那时真没什么好吃的给孩子。我知道，你爸爸那时心里烦。"

　　时局的险恶、日子的艰辛，有时他不能不感到飘忽迷离，但从未消沉，更没有怨天尤人、自暴自弃。不管道路多么坎坷，在创作方面从未丧失半点文艺家的良心。可以肯定地说，爸爸、妈妈所创作的每篇作品都是为革命战争服务的。在两千多个日日夜夜里，每一天未曾放弃对革命的职责，而且，每一天都在维护着自身的政治纯洁。这期间，爸爸除了小说、戏剧、长短诗外，还发表了五十多篇针砭时弊的杂文，如《便衣汉奸》《论客之类》《盛意可感》《漫话死的艺术》《余为国备忘录》《闲话魔术》《门面》等。这些杂文，不但批判国民党的动摇性和失败情绪，还暴露国民党政治态度的逆转。

　　爸爸抵达延安后，急不可待地先办两件事。一是请求中共中央组织部对他的历史进行全面审查，具体接谈的是人事科长王鹤寿；一是找中共中央书记、马列学院院长洛甫，要求进马列学院系统学习。他来延安是抱着改造自己、深造自己的决心，他渴望以革命的理论武装自己、充实自己为党服务。非常遗憾，他的学习要求未蒙允准，他被留在"文协"。此间，鲁迅艺术学院副院长周扬邀请他去"鲁艺"教书或领导文工团。但他深感自己学识有限，不具备教育他人的资格，谢绝了周扬的邀请。

　　3月15日，边区"文协"就创办星期文艺学园举行座谈会。艾思奇、丁玲等人以无合适人选为由，请刚到延安的爸爸担任此任务。虽然星期文艺学园是业余培养文学青年，不像"鲁艺"专业性那么强，但他仍然顾虑不能胜任。不过在"到边区来都要给边区做事"的刺激下，他还是答应下来了。但万未料到他的此举竟会引起周扬的误解。

　　星期文艺学园，顾名思义每星期天上课，园址设在文化俱乐部，宗旨是开展文艺运动和帮助文学青年学习与写作。课程分基本的与一般的：前者有顺序，即由中国新文学运动史讲到读书与写作，由专任教员刘学苇、罗烽、艾青分担；后者不拘，讲者自定题目，自定时间。学制原定两年。4月15日招生，5月开学。爸爸任主任，刘学苇副之，尤淇任秘书。聘任的讲师有：丁玲、周立波、白朗、艾思奇、何其芳、周扬、周文、柯仲平、胡乔木、舒群、欧阳山、萧军等。

爸爸他们刚到延安时，毛泽东听说从大后方来了许多文化人，曾和警卫员打着火把到"文协"看望大家。可惜，那天晚间爸爸和妈妈外出看朋友，与毛泽东失之交臂。爸爸第一次面见毛泽东是在陈云的引见下，爸爸向主席汇报冯雪峰在上饶集中营的情况。当时主席指示，要上海党组织想方设法营救雪峰。

6月，中华文艺界抗敌协会延安分会筹备召开全体会员大会，改选理事。此前，"文抗"延安分会不仅是边区文化协会的团体会员，同时又受重庆总会领导，致使工作多所混同。皖南事变后，大批文艺工作者从后方和敌后方相继来延安，鉴于延安文艺队伍的扩大，工作需要做进一步调整。经研究决定，边区"文协"由边区政府直接领导，工作中心在于开展边区文化工作。"文抗"延安分会改为独立的工作团体，直接受总会领导。

"文抗"延安分会从7月1日起接收陕甘宁边区文化协会原有杨家岭会址、财产及一部分有关文艺工作，正式启用印记开始办公。

8月3日，"文抗"延安分会在杨家岭礼堂召开第五届会员大会。到会会员六十人，嘉宾十人。艾青、罗烽、萧军、欧阳山等七人当选为主席团成员。欧阳山主持会议，周文、吴伯箫分别报告上届理事会四年来的工作，中宣部代部长凯丰致辞，柯仲平主持讨论会章。

会章规定："本会以联合在延文艺作家，共同坚持对日抗战，坚持全国作家团结，力求文艺工作之活跃与进步，推进新民主主义文艺运动并保障作家权益为宗旨。"

大会选举丁玲、欧阳山、艾青、萧三、柯仲平、周扬、舒群、罗烽、吴奚如、周文、吴伯箫、周立波、何其芳、艾思奇、萧军、刘白羽、陈荒煤、刘学苇、于黑丁、雷加、草明、李伯钊、白朗、庄启东、魏伯、李又然、曹葆华二十七人为理事。

爸爸被选为独立后的"文抗"延安分会第一届主席，主持全面工作。

为团结旅延的东北作家坚持与日本侵略者血战到底，爸爸在"九一八"十周年纪念日那天，成立"九一八文艺社"，并在《解放日报》发表《为"九一八"十周年纪念致东北四省父老兄弟姐妹书并寄各地文艺工作者》，21日在文化沟召开"九一八"纪念大会，到会男女百余人，全体唱东北救亡歌。

11月15日，由爸爸负责编辑的"文抗"会刊《谷雨》创刊。

爸爸正式恢复党籍是1941年9月初。约7月间，中共中央组织部部长陈云和他谈到党籍问题，并要他速速写一份自传交他。9月初得中央直属党委书面通知，通知他参加组织生活，恢复1929年的党籍。嗣后，陈云找爸爸和舒群（也是此时恢复党籍）谈话，告诉他们暂时做秘密党员，以便多做些党外作家的工作。又说，你们和萧军是朋友，可以告诉萧军。目的是要他了解，党没把他当外人看，好让他向党靠拢，从而在思想上帮助他、争取他。

12月5日，中共中央组织部由陈云亲笔签发的关于《恢复罗烽同志党籍的决定》中写道：

> 罗烽（傅乃琦）1934年6月因被叛徒所供被日本领事馆逮捕。后由家庭用金钱运动，经过日本领事馆高等系副主任青柳得以释放。释放后虽曾复被逮捕，终因本人无口供无证据，旋即开释。第二次释放后即潜逃至沪，经友人萧军的关系，开始文艺活动。1935年11月经周扬同志与党发生关系并恢复组织生活。抗战爆发后，由上海撤至内地，因当时情形混乱，以后无形中与党的正式组织关系中断。自抗战后罗烽同志去武汉、重庆、山西等地仍然从事文艺工作，皖南事

变之后来延安在文抗工作迄今。

中央组织部审查了罗烽同志的历史之后认为：

一、在满洲入党及工作情形是清楚的。

二、罗烽1934年被捕两次之经过情形虽无直接证明材料，但根据以后的历史，我们认为他本人的报告是可信的。当时满洲事变甫定，由金钱贿赂日本高等系副主任而得释放亦是可能的。

三、自满洲逃出后在上海从事左翼文艺工作。抗战后，亦始终在党的政治主张下从事进步文艺工作。因此决定恢复罗烽同志的党籍，党龄由1929年入党时算起。

爸爸到延安不久曾数次面见毛泽东和陈云，亲聆他们的教诲，使他深深体会到革命大家庭的幸福和温暖。但同时也产生过苦闷。

当"文协"个别负责人以"从金钱、物质上努力解决党外文化人的问题"加以诬蔑时，当某些人冷嘲热讽说"到边区发财来了"时（罗家人口多，领的津贴多。当时，延安津贴分一块、三块、五块）……种种这些更加剧了他的苦闷，甚至造成他对边区文艺界的反感。由于反感致使遇到问题有时不冷静，甚至冲动。

文艺界的老朋友至今记得罗烽摔凳子的事情。那是他到延安不久的夏天。"文抗"盖了一间"干打垒"的房子，很大，主要供开会使用。延安物质匮乏、条件艰苦，住房也很紧张。居住和办公一律是窑洞，包括毛泽东等中央领导也不例外。现在有这么一间宽敞且明亮的大房子实在是够气派的，有人在周末利用它开舞会，调剂调剂单调的生活，颇受群众欢迎，也吸引上层人物。丁玲曾在《三八节有感》这篇杂文里说"有着保姆的女同志，每一个星期可以有一次最卫生的交际舞"。

后来舞会次数越办越频繁，规模也越来越大，不单单跳舞，还可以在此喝酒助兴。

爸爸看不下去，觉得领导要掌握分寸，因势利导。他找"文抗"刘某商议，要求适当地约束党员同志。可是，话过如烟飞雾散。

一天，爸爸站在外圈喝着酒，冷眼旁观。场内江青独占鳌头，翩翩起舞。爸爸憋足劲，一仰脖把一杯酒干了。瞬间，将跟前一只四条腿小凳啪的一声摔下，然后拂袖而去。场上惊愕，一片肃静，而后纷纷扬扬炸开了，舞客便怏怏散去。从此，这里不再跳舞，不再喝酒，恢复了它最初的功能。

在延安，爸爸遇到的另一棘手问题是如何处理与萧军的关系，在这个问题上他往往处在尴尬和不被理解的境地。以哈尔滨文艺运动时论，萧军是他领导之下的一个积极群众，萧军在反满抗日上是坚决而勇敢的，但他的浪漫与偏见也是人所周知的。1933年想争取他入党，负责同志白杨（杨易辰）和他谈话，他竟以"一生不参加任何政党"为辞，拒绝了。

爸爸来延安后，陈云知道他们是多年的朋友，希望爸爸多做萧军的工作。陈云对爸爸说："中央对萧军是团结、争取，中间也有斗争的。"还说："萧军到延安时，自己讲是来帮共产党的忙，帮革命的忙。实际上他到延安后是越帮越忙。"

在恢复党籍之前，爸爸和舒群针对萧军所存在的问题自始至终都是劝导他。恢复党籍未几，大约1941年9月中旬，爸爸找萧军谈话，指出他思想作风中的严重缺点，希望他改正时，他不但不接受，反而竟无理地说："你我走的路是不同的，咱们不能做朋友了！"话音未落扬长而去。爸爸气愤地冲他背后喊："你走的是什么路？是错误的路。"并顺手将一把小凳子抛了过去。

此事发生后，爸爸感觉对萧军之争取，再无上策，乃决定与其决裂。但恐在统一战线上发生错误，加深萧军对党的对立，曾面请毛泽东，今后对萧军应抱何种态度？毛泽东说："萧军既然不顾大局，应开始对他抱冷淡态度，使其感到孤立，或有悔悟的希望。"从此（1941年11月）罗、萧几乎断绝来往。直至1942年夏延安文艺座谈会以王实味事件为起因，文艺界批评萧军时，会后许多同志企图转变他的态度，而爸爸始终未出头，以至引起某些人的怀疑，以为他是赞成萧军的行为。

1988年秋天，在一次闲聊中谈起延安矛盾时，爸爸说："对于我的那篇短文《还是杂文的时代》，毛主席是用温和的调子做结论的。有人说（在延安）周扬、柯仲平、我（代表萧军等）分三派。这是他们说的，我没兴趣。服从文艺政策，走党的道路，共产党人总得有个口号。通过文艺，宣传党的文艺政策。通过党的文艺政策，指导文艺创作。周扬是从柯派分支出来的。我和柯仲平在文艺政策上没矛盾，但不能说在其他方面都是一致的。我认为有不同看法、分派是必然的。"

1942年1月7日，陕甘宁边区政府六次政务会议决定成立文化工作委员会，爸爸被调去做筹备工作。"文委"于3月5日宣布正式成立，由边区政府聘请林伯渠、李鼎铭、吴玉章、徐特立、柯仲平、丁玲、罗烽、艾青、高长虹、周文、李卓然、萧三、萧军、舒群等为委员。确定吴玉章为主任，主持会务，罗烽为秘书长，辅助主任领导会内工作人员执行本会日常工作。规定每月举行一次会议，必要时将召开临时会议。

边区政府公布的"文委"工作纲领包括：本会代表陕甘宁边区政府，根据新民主主义纲领，领导并开展边区文化运动。励行学术思想与创作自由。以群策群力建立科学化、民族化、大众化的文化基础。普及和提高的工作同时并进，使其相生相长、相辅相依……

1942年3月26日《解放日报》的消息："边区文化工作委员会成立后，现已开始工作，已向该会登记者有边区文协、自然科学研究会、文抗、美协、音协、青协、曲协、剧协、诗会、世界语协会、鲁迅研究会、民间音乐研究会、文艺月会、星期文艺学园、青年剧院、文化俱乐部、新教育学会、轻骑兵、中山图书馆、九一八文艺社二十个单位。据该会秘书长罗烽谈：一俟登记完毕，即将召集各单位举行座谈，重新全盘筹划各单位的工作，务使办一事而收一事之实效，避免许多不必要的重复和浪费，至于请领经费，'文委'如认为必要，可酌予补助，一切活动费用以自筹为原则。"

爸爸到边区后，进马列学院系统学习的愿望未能实现，乃自修《高尔基文艺论集》《马恩列斯思想方法论》等著作。6月，写出《高尔基论艺术与思想》，发表在7月1日出版的《文艺月报》上。嗣后，陆续发表《漫谈批评》《非由缀造而成的散文》《嚣张录》《旅途三章》《遗憾》《山庄中》等散杂文和小说。

1942年初春，爸爸针对当时延安某些人在私下鼓吹什么鲁迅杂文的文体形式在延安可以废除了等论调，撰写《还是杂文的时代》，3月12日发表在《解放日报》上。这篇文章的中心思想无非说即使在光明的边区，"经年阴湿的角落还是容易找到，而且从那里发现些垃圾之类的宝物，也并不是什么难事"，因此"如今还是杂文的时代"。也就是说，杂文作为一种文体将长期存在，我们随时需要它揭露阻碍历史前进的不良现象。谁也没有料到，十五年后它竟成为爸爸的"反党罪证"。这篇千字文全文如下：

在边区——光明的边区，有人说"杂文的时代过去了"，我也是很希望杂文的时代不要再卷土重来的，因为不见杂文，同时也就不见可怕的黑暗，和使人恶心的恶毒的脓疮，这样，岂不是"天下太平"了吗？岂不是很有把握获得"抗战的最后胜利"吗？但是事实常常是不如希望那么圆满的，尽管你的思想如太阳之光。经年阴湿的角落还是会找到，而且从那里发现些垃圾之类的宝物，也并不是什么难事。

深明历史演变的人，总是说几千年传统下来的陈腐的思想行为，一时不容易清除。于是，有些机智的人士，就乘机躲进那，"一时不易"的罅隙里去享受自己，好像一只黑猪在又臭又脏的泥塘里愉快的滚着，沉没着，既不怕沾污自己，且把泥泞溅在行人的身上竟也在所不惜的，其实这种露骨的作风，并不能算作"机智"；另有一类人，虽然他也躲在罅隙里，而他的念念有词，却是一篇堂皇富丽灿烂夺目的讲演。天真的心灵，万想不到光泽坚硬的贝壳里还藏着一块没有骨头的安闲的，胆怯的肉体！

一般地说，坦露的东西，比较好处理，譬如它是个阻碍前进的魔障，我们可以用一种法术使它倒下去。假如有一团黑白莫辨的云雾蒙住了眼睛，你一定会感到茫然的，你一定会感到举步无主的。在荒凉的山沟里住久了的人，应该知道那种云雾不单盛产于重庆，这里也时常出现。

是的，"延安是政治警觉性表现最高的地方"，若是单凭穿着华丽的衣裳，而懒于洗澡，迟早那件衣裳也要肮脏起来的。要求表里一致，本是做人的起码条件，作为一个革命者似乎更该注意才行，否则既使你胸前挂起"警觉"的招牌，奈何你走向歧路，一己的命运倒无足轻重，请看看跟在你身后的人吧！

想到此，常常忆起鲁迅先生。划破黑暗，指示一条去路的短剑已经埋在地下了，锈了，现在能启用这种武器的，实在不多。然而如今还是杂文的时代。

《文艺》编者丁玲同志曾企图使它复活过，虽然《文艺》上也发挥它的力量，只是嫌它太弱了一些。作为一个读者，我希望今后的《文艺》变成一把使人战栗，同时也使人喜悦的短剑。

1942 年 3 月

延安文艺座谈会召开之前，毛泽东用很长时间对延安文艺界存在的问题亲自做细致的调查研究，找一部分文艺工作者汇报情况，谈思想，谈如何改善延安文艺工作的现状。4月，毛泽东先后两次写信请爸爸代为搜集意见。爸爸几次汇报中讲了一些"延安文抗"的思想活动，同时也简单谈到"鲁艺"文学系的教学情况。

5月2日，文艺座谈会在杨家岭中共中央办公厅大会议室举行。中共中央宣传部代部长凯丰主持会议。座谈会分别于5月2日、5月16日、5月23日举行三次大会。毛泽东在会上作《在延安文艺座谈会上的讲话》，他在"引言"部分说："我们有两支军队，一支是朱（德）总司令的，一支是鲁（迅）总司令的。"并指出召开座谈会的目的是"研究文艺工作和一般革命工作的关系，求得革命文艺的正确发展，求得革命文艺对其他革命工作的更好的协助，借以打倒我们民族的敌人，完成民族解放的任务"。

5月23日，毛泽东、中央领导同志与全体代表一百多人合影留念。

开会的第一天，爱说爱笑的妈妈开玩笑说："主席，这回您该请请我们了。"

毛泽东笑眯眯地回答："小米饭是有的。"此后的会议，代表们都在中央办公厅用便饭。

座谈会期间，爸爸在与毛泽东的一次谈话中谈到在上海"两个口号"的论争。主席讲：要尊重鲁迅，他是没有拿到党证的布尔什维克。"民族革命战争的大众文学"立意明确，目的鲜明、响亮，颇有引导战斗行列前进的军旗气概。"国防文学"有益于扩大统一战线，明显的缺点是含混不清，不加正确注脚，脚跟不稳，一推就倒。与此同时，爸爸也提出杂文可不可以写的问题。大概同一天毛泽东叫他把在延安写的东西拿给他看看。爸爸将一些散文、杂文送去。几天后，毛泽东的警卫员把文章送回并附一封亲笔信。

1987年春，延安文艺座谈会召开四十五周年前夕，爸爸在接受一位年轻记者采访时说："延安文艺座谈会我有个发言，坐在小板凳上，冰凉的，我和吴亮平（吴是中宣部的）坐前后。他发言中的一个观点我不同意，他的意思说'除延安以外没有革命文艺了'。当时刚从外边来（边区），血气方刚。小资产阶级的好激动。因为激动，并没把问题说清楚。"

1941年5月16日，中共中央机关报《解放日报》在延安创刊。博古任社长、杨松任总编辑、丁玲是文艺栏主编，社址在清凉山。

1942年冬，妈妈由"文抗"调《解放日报》文艺栏当编辑。此时，社长仍然是博古，但总编辑和副总编辑分别为陆定一、余光生。截至1943年春天，文艺栏已由最初的三个人扩大到十个人，主编艾思奇，副主编舒群。编辑包括陈企霞、黎辛、张谔、温济泽、白朗、林默涵、庄栋、陈学昭。白朗、黎辛、陈学昭看一些文艺方面和通讯类的稿件，陈企霞负责版面设计。每天发排的文章由艾思奇审阅后决定，陈企霞将版面画好由艾思奇、舒群看过后，温济泽把稿子及版面设计一并送报社旁边的印刷厂付印。编辑们轮流值班校对，艾思奇看过清样，才印成报纸的第四版。

文艺栏的十个人在一间石头砌的前后都有窗户的大窑洞里办公，宽敞而明亮。平常早晨7点他们就到办公室了，早点由伙房的大师傅从山下挑着送来。一般是小米稀饭，偶尔有馒头。中午和晚饭是自己拿碗筷到山下食堂吃，顺便打开水。妈妈那时吃中灶。当时报社有点编辑费，以市面的肉价折算，助编六斤（延安当时使用的是十六两的大秤），编辑七斤，编委八斤。

爸爸、妈妈初到延安时住杨家岭，不久搬蓝家坪，1942年爸爸调边区"文委"，家又随迁南门外。在南门外，他们和边区"文协"的柯仲平、高长虹等同住一个山坡。那时，妈妈和其他人一样平时住机关，星期六回家，她的窑洞在编辑部东边当中的位置。

听陈明讲："在南门外丁玲他们也和罗家为邻，常常是（罗）老太太带两个孩子在家。我们都在窑洞旁开荒种番茄，我看老太太到山下沟里提水费劲，常帮忙提水浇地。我印象最深的是老太太饲养的一只白毛大公鸡真厉害，总欺负我家的公鸡。后来别人送我一只高腿公鸡，个儿挺大，开始还敢和白毛公鸡对阵，没过两招仍然是白毛（公鸡）的手下败将，见了就跑!"丁玲的儿子蒋祖麟回忆说："母亲不在家，我们常常在（罗）奶奶家，晚上奶奶有时给我们煮红枣小米粥当夜宵。"

1943年4月3日，中共中央发出《关于继续开展整风运动的决定》，并进行一次审查干部的运动。

7月15日，中共中央社会部部长康生作《抢救失足者》的报告，掀起所谓"抢救运动"。10月9日，毛泽东提出"一个不杀，大部不抓，是此次反特务斗争中必须坚持的政策"，纠正了扩大化错误。

审干开始，各个单位都关了门，父母、子女、夫妻、朋友不相往来，也不准通信，外出办事要有领导批写条子。上午办公，下午和晚上搞运动。先学习二十三个文件，逐个文件进行讨论，每个人发言都要联系自己的思想。艾思奇是《解放日报》学习委员会委员，也是文艺栏审干负责人。艾思奇比较实事求是，文艺栏开始没有挖出特务，这样就把报社管资料的假坦白典型吴××调文艺栏加强审干力量。当时只要坦白是特务，不但获得组织信任，行动自由，还可以随便看文件。

文艺栏第一个审查的是陈企霞，接下来是黎辛、陈学昭、舒群。据说怕舒群自杀，派温济泽搬到舒群窑洞看管他。审查白朗是在舒群之后，已经是9月份。她因不堪某些人的欺侮（说他们从东北出来是日本人开的通行证，骂她是日本特务）乃主动向党小组长温济泽要求组织审查她的历史。于是，陈××、在余光生的领导之下成了审查白朗历史的主要负责人，陈××抄走她的长篇小说《狱外记》全部手稿（始终未还）并和吴××一唱一和进行"逼供信"。妈妈一直没有乱说乱供，开始她还分辩，但后来由于缺乏政治锻炼，加之远离东北，没有有力的证明人，由此产生一种悲观绝望情绪，从而精神失常，几乎一言不发长达一年半之久。审干之后开展大生产运动，开荒种地也纺线。每人每月有生产任务，超额部分自己可以积攒几个零用钱。

1944年春天，陆定一找妈妈谈话，让她去中共中央党校三部学习。当时她头脑仍然糊里糊涂，不好用，竟理解成领导让她去党校"散步"（"三部"和"散步"谐音）！同年冬，妈妈在中央党校经过复查做了"无政治问题"的结论。

　　"抢救运动"开始，大家对爸爸在东北、上海、重庆等地所从事的文学活动及作品均未提出反作用的批判，也未涉及有可疑的反革命关系来。但有人从假坦白的典型说河南等地实行"红旗政策"（即打着红旗反红旗），进而派生东北党也实行的是"红旗政策"；也有人说萧军、舒群、罗烽是日本特务集团。综观这些人对爸爸政治上怀疑的出发点，都是基于在东北被捕一段。"抢救运动"收场，爸爸先到"边区文协"领导审干。10月，入中央党校三部学习。党校对他的政治历史进行重新复查。

　　复查中，对爸爸所谈被捕前满洲党团组织破坏的情况以及个人被捕和审讯经过，据当时在满洲省委机关工作的毛×、赵××证明是可靠的，日寇当时是用这种方法审讯。在爸爸释放后，于1935年8月入狱的董××证明他入狱时，中东路姓窦的工人斗争仍然坚决；徐乃健当时仍在狱中，表现尚好，看来未彻底叛变；此时老姜还领导狱中斗争，并给董讲过上次斗争经验。据毛×说：老冯确有其人，是省委秘书长，负责领导交通、哈市区委和掌管经费。估计"王推事太太"是冯管的。

　　对于爸爸的取保释放，从满洲出来的人证明说："凡自首、叛变或证据确实者，当时皆判罪。李耀奎十二年，刘樱花八年，徐乃健五至八年……""在领事馆、法院、警察厅都可能释放无口供的人，虽有叛徒对质，只要无证据、不承认也可以放出。""当时日本人利用捕人叛变自首，把他们放出打进党内做内奸的事我没听说过。在当时也不可能，我们知道叛变的人都关在狱里。"

　　经反复调查、客观分析，中央党校于1944年12月19日对爸爸被捕这段历史做出结论：

罗烽同志参加东北党的一段历史是可靠的，对党的工作是有贡献的。应该承认罗烽同志在1934年被捕一段，对党对革命是忠实的。在其回国以来抗战前后对革命是有贡献、有成绩的……

然而，就是这样一位"对党对革命是忠实的"，在"抗战前后对革命是有贡献、有成绩的"老共产党员，在宗派斗争大行其道的时候，当权者利用手中的权力置党内民主于不顾，时而诬陷他是叛徒，时而让他只承认"在敌人面前犯有错误"，转眼间又定他"自首变节"分子。真可谓"一言九鼎"的帽子工厂，顺手拿来，想给你戴哪顶就戴哪顶！关于当年爸爸在那场斗争中是如何倒下的，1995年黎辛在一篇《我也说说"不该发生的故事"》（《新文学史料》1995年第1期）里曾有所披露。黎辛是1956年调入中国作家协会担任副秘书长的，他奉命参加机关肃反领导小组的工作。4月，"作协"总支改选，他被选为（二届）总支书记。黎辛在文章中说："黎辛个人和领导也有些争论，最突出的是审查干部问题，其中争论最多的是罗烽的历史和另一位作家的历史问题。"

对罗烽的历史问题，领导看得比较重。黎辛说只是一两句可说可不说的话。领导说他说了这话敌人就能放过他吗？黎辛说现在我们从他被捕受审的档案看是这样的，没查到任何其他材料。领导说敌人的档案可靠吗？黎辛说这是原始档案……

对另一位历史问题比较严重的作家，领导又不相信。这位作家入党前，陈企霞明确提出他坐牢表现不好不能入党。没人理。入党不久，有关部门转来敌人档案，又被压下不理。审干时发现他有自首问题，又写过长篇反共文章。审查他这段历史，他只说时间太久，记不清楚。不能承认也不能否认。与他谈一次话，他向领导报告一次，领导问黎辛一次。问黎辛为什么提这些问题，敌人的档案可靠不可靠。

黎辛说这也是敌人的原始档案，有关单位和有关人员都说是可靠的。领导问敌人有时为报功，作假档案，你知道不知道？黎说看到过这样的材料，但这个档案的记载与同案人说的情况都一致，是假造不出来的。

　　1993年，中共中央纪律检查委员会委员李之琏在谈到1957年罗烽和白朗"怎么被打成右派"时，明确指出是"搞宗派"的结果。当时李之琏是中共中央宣传部秘书长兼机关党委书记，分工负责中国作家协会的党组织生活。他说："1957年把罗烽、白朗打成右派，什么事实根据也没有。但就是要搞成小集团。他们说你反党就反党。周扬对周围的一切人只要和自己意见不同的一律打倒，专门搞宗派。……关于罗烽那段历史，材料我看过，就根据敌伪档案中那么一份日文打印的报告。既不是他本人写的，又不是审讯记录。没有本人签字、画押。那怎么可以定罪？敌人可以谎报成绩邀功，我们现在也有这类情况嘛！

　　"不给正式定案，也没有正式结论。所以你也没办法要求平反，就想搞臭你。惯用的手法！"

　　事情就是如此荒诞不经，如此令人无法置信。但爸爸、妈妈所遭遇的一切又千真万确地让你毋庸置疑。

十 打回老家去

1945年8月15日，日本裕仁天皇广播"停战诏书"，宣布无条件投降。"人们举火把，扭秧歌，喊口号"，延安全市欢腾，张灯结彩，锣鼓喧天。夜间举行火炬游行，彻夜灯火未灭。

8月23日，在欢庆抗战胜利的日子里，中央党校三部支委会根据妈妈的申请发展她为中共党员。支委会给上级的报告中写道："四支通过其（白朗）入党，候补期一年。我们根据白朗同志的历史经审查无问题，她在党的周围参加了十多年群众、文艺的活动。审干时组织上处理她的问题时，虽有一些错误，但她并无怨言，且积极要求入党，故我们批准四支干委会对白朗入党的决定。"

妈妈入党的愿望早在30年代初期就萌发了。杨靖宇曾和爸爸谈到可以发展她入党，但爸爸考虑东北对敌斗争异常激烈、复杂，说锻炼一段时间再说。未料想爸爸被捕入狱，出狱后他们又过着四处漂泊的生活，根本没有解决组织问题的可能。1941年妈妈到延安后申请入党并写了详细自传。当时"文抗"的党支部委员是丁玲和刘白羽。1942年春，丁玲告诉她，因为整风开始，停止发展党员。

9月2日，日本政府代表以及日本大本营代表在投降书上签字。

9月5日，延安各界两万人集会，庆祝抗日战争胜利。毛泽东向审干中受到不公平待遇的好同志鞠躬道歉。

9月15日，党中央决定在东北地区设立中央局，派遣政治局委员彭真、陈云、高岗、张闻天和四分之一的正式和候补中央委员，率领两万干部和十万大军挺进东北，同国民党展开针锋相对的斗争，收复失地，建立民主政权。旋即，爸爸、妈妈奉命带领一家老少回归阔别十载的故乡，参加那里的解放战争。北上途中，爸爸是东北干部大队二支队副支书兼组织部长。他不管走到什么地方心里永远装着老百姓，时刻不忘群众的疾苦。90年代，听殷白（当时他在山西基层工作）讲，从延安出发时是陕西的老百姓送，过了黄河由山西负责。走到晋绥，当罗烽同志看到乡亲们用小毛驴不分昼夜轮流驮送干部时，他的眼睛湿润了，心情忧郁地说："老百姓的负担太重，怎么能受得了！"下边工作的干部慷慨地说："不怕，你们放心走，我们一定把你们一站一站送过去。到前方努力打仗！"从这件小事可以深刻体会到当年军民关系、干群关系是何等的水乳交融。有一次，夜行军走在山间小路上，妈妈不慎掉到山沟里，队伍走了很远才发现，大家赶紧循原路去搭救。妈妈又一次与死神擦肩而过！

他们沿着长城内外经过三个多月的艰苦跋涉，穿过层层封锁线抵达辽宁西部。原来的目的地是沈阳，但此时我军已经撤出沈阳，他们只好转进八面城。一路上，他们走到哪里就把革命的种子播撒到哪里。当年八面城房东儿子至今还记得罗烽送他的三本书：《新民主主义论》《论解放区战场》《从九一八到七·七》，他就是从这三本书中认识了共产党并投身于革命。

在八面城也是两进两出。1946年春节，第二次攻打四平时，他们向郑家屯前进，走了七天七夜。当时火车靠烧豆饼为燃料，火车走不动人就下车去推。一个月后他们又向洮南推进，在洮南成立吉江军区。军区司令倪志亮，政委郭述申，政治宣传部部长王澜西，爸爸是副部长兼干部学校副校长。

洮南的鼠疫十分猖獗。在战乱年代，兵器对生灵的涂炭固然可怕，而灾疫给生命造成的恐怖和摧残更是无法想象。活生生的一个人只要被传染鼠疫，不出几天就死了，在不长的时间里能使整个村子变成鬼村。在防鼠疫的任务中，爸爸身先士卒，带头清理现场，掩埋尸体；在与国民党、政治土匪的激战中，他领着军区宣传部的同志们抬担架、抢救伤员。他的突出表现受到军区嘉奖。

解放军三打四平，爸爸派妈妈带一名同志坐着闷罐车去四平接取印刷机、铅字、纸张等。这些物品一到爸爸旋即成立前进报社，爸爸兼报社社长，妈妈具体负责报纸的编排。与此同时，爸爸还创建前进文工团。

4月，军区转战白城子。将那里的土匪消灭后，原拟进驻长春，情况突变，改去哈尔滨。

哈尔滨，一切都是那么熟悉、那么亲切。大直街，仍然是不知走过多少遍的石头道。松花江的江水依然像十年前那样幽深、迷人……然而，故乡给他们感触最多的是疮痍满目、百废待兴。为了故乡的明天，为了创建新中国，他们还要付出全部的精力乃至生命。

爸爸被任命为哈尔滨市委文委书记，他喘息未定就着手整顿哈尔滨的文艺团体并筹备组织新机构。

不久，江南战事吃紧，大批干部北撤。在佳木斯成立合江省委，张闻天任省委书记。爸爸是宣传部副部长兼总支委，参加土改以及负责整顿中等学校、《合江日报》等文教、文化部门的工作。时间不长，工作就走入正轨。此时，在上无部长和其他副部长，下只有一位秘书的情况下，繁重的工作，终于把他累垮了。经张闻天批准回哈尔滨就医。稍愈，面请闻天同志归队搞创作。幸蒙允准，乃以《东北日报》战地记者名义去哈南前线。刚刚发表第一篇通讯《哈南前线纪行》，东北局宣传部部长凯丰就电召爸爸回哈尔滨，委派新任务。

1946年年底，爸爸任中苏友好协会党组书记、副会长，还兼任东北局文委常委，负责筹备成立"东北文协"。"文协"成立后，任代主任。当时的东北，有明火执仗的敌人也有放冷枪搞暗杀的特务，中苏友好协会会长李兆麟就是此时被特务杀害的。

斗争是激烈的，形势是严峻的，在思想领域的争夺战更是举步维艰。在东北，几乎每一个艺术团体的诞生都倾注了爸爸的心血。这一阶段，他主要改组、创建东北京剧团、东北评剧团、哈尔滨曲艺社、东北文协文工团等，同时抓戏剧改造工作，并且组织演员下工厂、下部队慰问演出，进而改造、提高"旧艺人"的思想水平。另外创办《东北文艺》月刊以及组织广大群众开展新秧歌运动。

1947年春节，东北文协在哈尔滨范围内有组织、有领导地掀起一个规模宏大的群众性的新秧歌运动，把传统的纯娱乐性甚至掺杂大量封建迷信内容的旧秧歌组织成区与区、企业与企业、机关与机关、学校与学校之间有政治内容，亦有娱乐性的新秧歌大赛会和化装大游行。这一天虽然是零下将近四十摄氏度的严寒季节，而哈尔滨彩旗缤纷，锣鼓喧天，爆竹阵阵，万人空巷。"中国共产党万岁""毛主席万岁"的欢呼声震天，其火红热烈情状空前。春节新秧歌运动以评比、授奖大会隆重结束。东北局、市委和市政府的领导也参加了授奖大会并在会上讲话。

在改造旧艺术、旧艺人和伪满文人的同时，为了占领哈市新文艺阵地并扩大社会主义宣传，爸爸曾向东宣部部长凯丰建议成立一个小型文工团。因战争时期经济困难，不能百废俱兴，建团未蒙批准。但是，他考虑当时哈尔滨是后方唯一的大城市和东北局所在地，又是军事、政治、经济中心，如无新的文艺队伍，只靠改造旧艺术去宣传党的方针政策是软弱无力的、收效甚微的。因此，他再度向凯丰同志请求，只要东北宣传部能批准五十人的编制并发给供给，至于文工团的事业经费可向东北京剧院挪借（当时东北京剧院已有大量盈余资金）。后经领导批准，东北地区第一个文工团诞生了。

东北文协文工团遵循主要为工（人）服务的方针，全体团员下工厂体验生活。建团之初创作《师徒之间》《取长补短》等三四个小型话剧，并在哈市各工厂巡回演出。与此同时，在工厂组织了歌咏队，开展大唱革命歌曲的群众运动。文工团还创作和演出大型话剧《炼钢炉前》。这些剧本创作水准和舞台演出质量虽不很高，但它起了冲破日本帝国主义统治十六年殖民地奴隶文化的先锋作用。这个文工团也参加过土改斗争，在剧烈的阶级斗争中，使刚参加革命工作不久的全体团员（只有团长张凡夫、副团长沙青是延安来的干部）受到了深刻的阶级教育。

这个文工团也发生过不小的波折。在爸爸的动员下，文工团团员积极参加农村的土改斗争。由沙青带队去三肇地区（现在的大庆一带）。在肇东县，工作队与区长王锋在征购公粮的数量上发生分歧。工作队认为征公粮是应该的，但不能征过头。因为该地区是盐碱地，庄稼收成不好，农民生活太苦，他们站在农民一边和区长发生矛盾。区长把他们告到凯丰处，说："东北文工团团员煽动农民，对抗征粮。"凯丰同志听了反映后即书面给罗烽下令："东北文协文工团团员成分不纯……立即解散，交下边处理。"爸爸则向凯丰同志请示：愿携张东川等人亲到肇东县和区委了解情况后，东宣部再做处理决定。经调查，区长夸大事实，与实际情况有出入并得到县、区委对上述情况的书面证明。是非搞清楚了，东北文协文工团保存下来。1949年沈阳解放，全团调沈阳并改组扩大成立东北文工团。1952年，又以该团为基础建立东北艺术剧院。

1992年，当年的工作队队长沙青回忆说："……凯丰同志要把文协文工团的工作队交给下边处理。如果不是罗烽同志，我们的后果不敢想。当时斗争激烈，打死人的事不是没有……'三反'运动，为了我去康西采风发生的另一件事也实事求是为我证明……罗烽同志心地善良。当时群众运动多厉害，他要推脱也就推脱了。他和有些人不一样，不但不整人而且在力所能及的时候尽量保护人。"

1948年6月，爸爸因胸膜炎复发，妈妈陪他去旅大医疗。途中巧遇欧阳钦同志去旅大特区就任特区党委书记。欧阳钦对爸爸的才干是熟知的，他便请爸爸边医疗边帮助整顿特区的文艺界。经东宣部允诺调旅大任特区文委书记，筹建关东文艺协会并任主任。在他的领导下很快成立了旅大实验京剧团，并整编旅大文工团、评剧团、曲艺社，筹建旅大工业展览馆等。

妈妈也同爸爸一样投身于火热的斗争中。她一踏上故乡的土地就为筹建人民自己的宣传阵地付出心血和汗水，一俟《前进报》创刊，她便记者、编辑、校对一肩挑。同时她还被选为"哈尔滨临参会"文艺界参议员。是年冬，东北文协成立，她当选为委员并担任出版部部长。1947年秋，妈妈申请下农村参加轰轰烈烈的土改斗争，先后在宾县、拉林、呼兰等地生活。1948年3月参加筹备党的文工会议，会议闭幕后响应"文艺工作者积极参加土地改革和解放战争"的号召，于5月初随萧华去前方赖传珠部队。在部队一度住在连队，访问七八位英雄模范，写成文章发表在部队自己的刊物上。7月下旬调任旅大任特区党委文化工作委员会委员、《旅大文艺》编辑部副部长。在此期间，经常深入兵工厂、纺织厂体验生活，嗣后发表的著名小说《为了幸福的明天》就是以旅大某兵工厂女工赵桂兰的先进事迹为素材创作的。此小说先后再版十六次，经久不衰。

1949年冬，爸爸调沈阳。先后任东北文联副主席，东北作协副主席，东北人民政府文化部副部长兼文化部、电台、文联几家联合党总支书记，东北人民政府文教委员会委员，沈阳城市建设委员会委员等职。这期间，他主持筹备成立东北文联和东北文艺工作者协会，筹备成立东北人民政府文化部，整顿东北文工团、东北文教队，建立东北人民艺术剧院，"鲁艺"的建校及后期音乐、美术两院的建院，建立东北京剧研究院及其直属两个团和东北剧校，建立东北评剧院两个团，整顿沈阳图书馆、博物馆，成立东北图书馆、东北博物馆，成立东北画报社、群众文艺出版社，创刊《东北画报》，参与拟定南湖文化区的建设计划等。1953年撤销大区，参加处理（其时爸爸已调中国作家协会）文化机关、团体的善后工作。除以上业务性工作外还参加领导镇反、抗美援朝"支前"及疏散工作、文艺整风、三反运动等。

新中国成立初期，爸爸领导下的东北戏剧改革工作是卓有成就的。1952年，全国第一次戏曲观摩演出时，毛泽东、周恩来等中央首长对东北文化部带去的京剧《雁荡山》、评剧《小女婿》等节目给予充分的肯定和好评，上述两剧分别获一等奖。

11月13日，在政务院讨论总结及评奖时，周恩来说："《雁荡山》给京剧救了一驾。""毛主席看过后，站起来鼓掌直到全体演职员出场谢幕为止。""希望把继承戏曲遗产造成运动。"11月22日，在中南海西花厅，周恩来针对现代评剧《小女婿》讲："政治内容是好的，表演也有感人之处，主要缺点不统一……评剧可以搞现代戏，但要做到统一。"

1952年年底，经周总理批准爸爸调中国作家协会。

十一　雪上加霜的日子
——解读爸爸的信

　　我从爸爸"文革"期间及稍后写给我的八十余封书信中选出以下三十几封解读。因为妈妈这一时间的信多为呓语狂言，只好作罢。所谓解读，其实只是对某些相关人或事的背景就我所知做些简单说明和介绍，以便读者了解。

　　我并不是罗烽、白朗的亲生女儿，只是他们的远亲。我因幼失怙恃，幸蒙亲友照顾才得以生活和成长。罗、白视我为己出。我从他们那里获得人世间最圣洁、最无私的父母之爱。在他们去世后，痛定思痛，我常常想假如有来世我愿结草衔环。即使这样也难报答此生他们给予我的关爱。这不仅仅是生活上的照顾，更主要的是他们的思想和品格深深感染了我、影响了我，教我怎样去做个正直、善良的人。

　　三四十年后的今天，当我再次翻阅这些书信时，那些本已模糊甚至淡忘的一切又渐渐清晰起来、鲜活起来。恍惚我又置身他们之间，与爸爸妈妈共度那些麻烦不断的日日夜夜。不仅如此，更使我从这些如烟的往事，从爸爸不经意间流露的情绪里，看到生活的重负怎样紧追不舍地摧残和吞噬爸爸的灵与肉，最后，将他从精神到躯体彻底击垮。这在当时，对于年轻而涉世不深的我是始料不及的。那时候，我天天盼信，只有亲眼看到爸爸的亲笔信，心里才踏实，才相信日子还照常地过着。虽然，看到信后也为他们着急上火，但我毕竟无法替代爸爸的感受，无法想象那屡屡的磨难对爸爸的压力究竟有多重、有多深。更何况爸爸总是报喜不报忧，总是大事化小、小事化了，总是轻描淡写隐瞒真相呢！只是到了今天，当我对人生、对世态炎凉有了些许了解之后才知道生活中有多少无奈，才知道生命是何等脆弱，才懂得无忧无患的日子多么宝贵，任何人都没有理由不珍惜它。在爸爸最后的日子里，看着他挣扎于生与死的边缘，我心中一遍又一遍地乞求：留下吧，爸爸！只要能换取爸爸的一时健康，女儿甘愿损寿十年。

1966年7月25日，爸爸妈妈由金州（1961年摘掉右派帽子后，辽宁省委组织部安排他们为专业作家，归属辽宁省作家协会，居家在金县的金州镇）到沈阳参加"无产阶级文化大革命"。一年以后，他们被关入"牛棚"。1968年10月29日，爸爸妈妈正准备和省作协广大干部去盘锦五七干校的前一天，妈妈突然被作协肖某勾结省文联造反派重新关进专政队。直至1969年1月29日，妈妈才被送去盘锦。在盘锦，爸爸妈妈都是辽宁省五七干校十二大队十三连二排的学员。

爸爸他们到盘锦后，修筑胜利塘的"忠"字坝。工地离驻地田家大队五十多里，不能往返，学员们挖地窖子住。一天，大家正在工地劳动时，爸爸的住处起火，把他所有的行李烧得精光。

妈妈回十三连，造反派分配她刨冰，烧水给大家喝。有一次，天刚亮，妈妈误将冻土块当石头搬来支在锅底下，她趴在地上点火、吹旺。不料锅里的冰融了，锅下的冻土块也化了。锅掀了，水洒了。她正懊悔不及，造反派还要骂："这个老废物，成心不想给我们水喝。"爸爸趁歇晌的机会悄悄帮妈妈捡些毛草，而某些人还要说三道四。那一年的冬天，妈妈的双手、双脚甚至脸颊都长满冻疮。

第二年春耕，大队人马到十五里以外的十四方台种地。出工的路上，妈妈连跑带颠儿也跟不上趟儿。爸爸一个人被分配到村外的大堤边种菜园子。劳动之余，爸爸在小日记本上写《惜园》：

一夕风浪破围墙，

朝晖乍冷露成霜。

寸丹困守西番柿,

宁为芜园赴东江。

一九六九.八.卅日在盘锦田家菜园

爸爸记不清一条小黄狗什么时候跑到他那里。爸爸可怜它,喂养它,他们成了患难之交。爸爸白天干活,它跟着;晚间回村开会、学习,它也跑前跑后不离左右。盘锦地处辽宁西部,是十河九下梢的地界,雨季发水是常事。一天半夜,下起大暴雨,水快没炕沿了,劳累一天的爸爸一无所知。小黄狗跳上炕,生拉硬扯把酣睡的主人拖醒,他们刚迈出门槛窝棚就倒塌了。许多年后,爸爸时常念叨"小黄儿救主"的故事,念叨他和妈妈离开盘锦时,小狗跟在卡车后边狂奔,直到看不见。每当讲起这些,爸爸的眼神里总是塞满忧伤。是为那段生活,还是为那小生命?

爸爸妈妈喜欢小动物是朋友皆知的,他们对一切生灵都充满怜惜和喜爱。听爸爸的老朋友讲:"在延安,边区政府给你爸爸配一匹黄马,他常常把马洗刷得干干净净,就是舍不得骑。"1961年在阜新矿区劳动改造时,爸爸拿着供应卡去小卖店买火柴,看见一条被咬伤的小狗,他花高价买了几块饼干将伤狗引逗回家,然后,和妈妈给小狗上药、包扎。最后小狗还是死了,爸爸挖坑将它埋掉。

在盘锦五七干校的时候,一般学员不能随便外出,什么东西也买不着。大刘(振江)叔叔赶车,谢群叔叔跟车。偶尔他们趁赶车外出的机会替爸爸妈妈买点香烟什么的,先藏在喂马的料斗子下,再找机会从老白家(妈妈的房东,是心地善良的寡妇)后窗户递给妈妈。

1994年3月23日,妈妈去世一个多月后,我见到已退休的大刘叔叔。他流着泪说:"罗烽、白朗同志对我太好了。我孩子多,挣几十块钱养一大家子。在盘锦,罗烽同志几次给我交伙食费。我一去交,管收费的就说罗烽同志给你交了。下乡插队,临走罗烽同志给我拿钱，我不要，他说下去安家买水桶什么的……"

方冰叔叔讲：

"在盘锦我劝你爸爸别抽烟了。你爸爸说：'太寂寞了，像个孤鬼似的。'

"有一回，你爸爸来沈阳开会，你妈妈在家。罗烽同志拿出白朗的信给我看：'我们的蝈蝈死了。'那时大家的心情都不好。他们把感情寄托给小动物了。我曾经问你爸爸喜欢京戏哪一流派？他说：'原来喜欢麒派，现在喜欢言派，他把人物心理刻画透了。'言菊朋唱的大多是悲剧，从这些可以看出你爸爸内心很苍凉，但脸上一点都不露。"

1969年10月末11月初，爸爸陪着犯病的妈妈离开盘锦干校。回沈阳，暂住大南门省作协机关办公楼里，妈妈的精神病稍微平静了一段时间。原作协没去干校的几位工人师傅时常去看他们。适逢我因病由青年点回来。我印象最深的是有一天晚间，搞防空演习。不远处传来尖厉的警报声，全城一片漆黑。恰在此时，原机关食堂的许宝元师傅竟从家里摸黑给爸爸妈妈端来一小铝锅热腾腾的清炖羊肉。烛光下妈妈像平时一样和许师傅聊天。

临近年底，妈妈因对组织一再动员她退休难以理解，感到追随革命四十余年却被动退出革命队伍，觉得晚年生活无望而病情逆转。她反复对我说"你爸爸不是叛徒"，逼着我去北陵找爸爸在呼海铁路传习所的同学姜德明叔叔，让他证明当年营救爸爸出狱的经过。妈妈滔滔不绝讲个没完没了，急坏了我和爸爸，我们担心她闯大祸。恰巧家里有个打气的煤油炉，燃烧起来呼呼响。为了遮盖妈妈的胡言乱语，不管是不是烧饭，我们都把炉子点燃。后来，她又要求把在武汉海军工程学院教书的哥哥和在湖北沙洋五七干校的姐姐全部召回来。在拟电文稿时，她坚持要写"母病危速归"。爸爸怕吓坏哥哥姐姐，与她商量：将"危"改成"重"，她坚决不同意，声言不吃、不睡，坐着等他们回来，还说："造反派不是给我存几千块钱吗？让你哥哥姐姐包飞机回来。"就这样足足说了五天五夜，香烟一支接着一支地抽。一时没留神香烟掉在毛主席当年赠送的棉被上，当我们发现已为时过晚。等31日（除夕）哥哥姐姐赶来时，妈妈的嗓子一点声音也发不出了。

妈妈发病时，一遍又一遍地背诵陆游的《咏梅》：

> 驿外断桥边，寂寞开无主。已是黄昏独自愁，更着风和雨。
>
> 无意苦争春，一任群芳妒。零落成泥碾作尘，只有香如故。

她曾写"我最爱主席的诗词——特别是《咏梅》"，"但最能说明我长期以来的处境和目前的心情的，则是陆游的原词"。

元月3日，姐姐护理妈妈去北京治病。

妈妈到京给我的信中说："我一到北京，尽管把你姐姐家弄得乱糟糟，鸡飞狗跳墙，但我的心情确实完全舒畅了。……只要能治好我的病，（扎）一尺长的针我也咬牙忍受……"

5日，哥哥和已经累病的爸爸整理三四年以来的随身用具，并打包托运回金州。旋即，星夜赶赴京城。

玉儿：

今天已是五月九日。你绝想不到现在我还在金州给你写信的。原来七日即由金去瓦房店（原复县），可是县革委会安置办公室对我们安置在复州城一事，毫无所知；省五七干校与他们并未联系。事出突然，一时难得在复州城找到合适房子。在县招待所待了两天两夜，没个结果。最后由省五七干校驻在复县革委会安置定点负责人孙同志一再请示干校负责人，决定原车人马返回金州待命。干校派专员高同志于明日到金处理下一步如何安置问题。现在我同王、邱二人暂住站前旅社里。家具、行李又运回金州旧居。耗时三日，行程不及二百公里，往返汽车运输费竟达四百余元。虽然是公家开支，也是极大的浪费哩。

此行你未来，真乃大幸。否则，将狼狈不堪矣！

第二步即便顺利，估计十五日前后，我很难离开新安置地点。这是肯定的。因此你三叔来沈时，千万不要等我。佳会交臂失之，实觉怅然。奈何！

客复县，心寐神聊，偶成七律，呈拔公教正，略赎爽约之咎。

东方星红启环球，
泥足南渡何躅躇。
四十一年争战梦。
独酌还醒笑留侯。
回首京都光四溅，
白头小儿敢低头。
髫血未寒丹心在，
苹花春老雪复州。

你的户口落实否？甚念！要认真治病。

还得给你妈妈她们写信。

祝你

幸福！

父

五月九日喜雨夜于金州（1970年）

1970年年初，爸爸他们离开沈阳去北京时，有关部门让他们写了退休申请书并要去两张照片。

3月，沈阳电召爸爸去办理退休手续。

4月13日，又接"罗烽速来沈干校"的电报。爸爸安顿好妈妈，匆匆回沈阳办理退休手续。然而，却遇到意外的变化：更改"退休留金州"的原决定，重新按老弱病残安置在复县。事情来得突然，爸爸没有随身携带金州家门钥匙。他二话没说，连夜赶回北京。取上钥匙，再返回沈阳会合负责安置的同志去金州搬家。假如，拍电报的同志能为老弱病残者着想多写两个字，爸爸就不会往返徒劳了。

第二次抵沈时，恰逢4月24日我国长征一号火箭把"东方红一号"卫星送入太空轨道，向全球播送《东方红》乐曲。爸爸赋诗欢庆祖国发展空间技术迈出第一步的同时，还写另一首《金州再迫迁复州湾途中遇雨》：

> 春花绣半岛，
> 细雨注金城。
> 迢迢靡行止，
> 虚幻似游僧。
> 故国盛四海，
> 故我偏飘零。
> 孤山穷千里，
> 苍茫浮落英。

看到这里，谁不为之动情？谁不为之黯然神伤？你决不相信偌大九州，居然容不下一对风烛残年、为革命呕心沥血大半辈子的老夫妻。

迁复县未果，原车返回金州。因为新的安置地点遥遥无期，经五七干校安置办同意，爸爸5月17日途经沈阳回北京照顾病人。

亲爱的玉儿：

来信已收到。你寄京那封信，周洲①没有转来，这可能他以为我们这月初即返京之故。

今天晚车我就陪你妈妈去京。原来本想在你兄嫂处多住些天，但她在武汉不甚服水土，又想外孙，只得提前离汉。武汉暑期已至。今、昨两天均上升35（摄氏）度，月中将增至40（摄氏）度。早点回京也好。

上月十九日曾函干校张连德，嘱他速把我们六月份工资汇京。但这个人不是办事人，工资既未照汇，也不回信说明原因。大概这是少数造反派变成小官僚之一。今天我又写信催他一催。并言明托我的侄女去他处代领（六、七两月份工资），料无周折。如果此人仍然扭捏作态，你可询明原委，并要求他把"意见"写成文字由你转寄给我。如果顺利照发，你可尽快汇京。

在交涉工资中，如遇什么困难，你可以直接找徐桂良②同志请教。大概他还没有去盘锦。

你兄嫂及小江江均好，勿念。

临行匆匆。

祝你

户口落实如意！

妈妈、爸爸

七月二日下午（1970年）

5月下旬，在爸爸妈妈老年生活中有了一桩喜事——他们抱孙子了，哥哥家生个孩子是父母盼望的。为了使妈妈高兴，以便找到精神好

---

① 周洲，姐姐的丈夫周平，当时在中央人民广播电台工作。

② 徐桂良，原辽宁省作协的财务人员，工作认真负责。当年，爸爸妈妈在金州，每月发薪都是他准时汇寄，从来没出现过问题。

转的契机，6月中旬爸爸陪她去武汉。因为姐姐早已离京回干校，爸爸计划在哥哥家多住些日子，也好有个依靠。然而，在武汉不及半月妈妈又急着回北京。无奈，爸爸只好顺从妈妈的意愿于7月2日晚车返京。

近一年来，由于旅费和妈妈的医药费不断增加，家庭经济捉襟见肘。偏在此时，爸爸他们赖以生存的工资却不能按时收取。原来他们的工资关系在盘锦干校，从6月份开始转到省五七干校沈阳善后处理小组。

亲爱的玉儿：

十二日收到你汇来的工资。第二天就收到了来信。昨午又收到由盘锦汇来的工资。很快，这是完全没有料想到的。你妈妈说，这该归功玉儿办事得力。我也这样想的；"善后"不善，那只有靠"专员"去督促了。事情就是这样子，此说并不过分。

我们是三日到京的。你妈妈这次武汉之行，夙愿总算是如愿以偿。看望了年迈的舅父母①，看到了儿子和儿媳，更看到了初生的孙子"江江"，也看到了新中国一绝：长江大桥（六月十四日夜，我们同你哥哥，冒着狂风暴雨并带冰雹，安然在长虹散步），而最最使你妈妈心旷神怡的是这阔别卅二年的武汉，追忆了辛苦酸甜的一生。所谓"四代硝烟尚同舟"，此乃她一大自慰也。不虚此行。

但她也有遗憾，这即是沙洋咫尺，未能得见你的华姐。在感情上看得出她是在大力控制着的，但仍耿耿于怀，时而烦躁。加之武汉溽暑已至，夜不成眠，对于她的病甚为不

---

① 爸爸妈妈是姨表兄妹，这里提到的舅父即他们母亲的同父异母兄弟。1937年由上海撤退，奶奶和待产的妈妈就是先到武汉投奔在邮电局工作的舅父家。不久，在舅父家的危楼上生子傅英。新中国成立后，因舅父家子女多、工资低，爸爸妈妈经常寄钱。

利，因此不得不早期归来。

回京后她安静地休息几天，精神、健康已好转。这些天来她又惦记你的户口问题了。她很赞成你参加街道学习和负起一定的工作，根据自己病情为人民做些力所能及的事总是好的。落户口事①不忘努力，"尽人事而听天命"。急也无用！假如公社不嫌你这个"病夫"，还能召回，岂不也好。我们认为你也这样想法。现在最要紧的是想方设法治好病，还要愉快地生活，还要多学多用毛泽东思想。你还非常年轻，为革命大有可为哩。

缺什么药物就来信，只要北京能够弄的就好办。

你姐姐已替你妈妈买到川贝，足够半年用的。你可不必着急了。

六月信也读过。你三叔现在是真正的甘为孺子牛。这项劳动我也干过短时。组织能如此照顾他，连我们也为之感动。这项劳动对他的病是有好处的。

代向你姑父母问候（上封信忘了问候），见到福瑞②、桂良同志亦代问候。

匆此。祝你

精神健康，万事如意！

爸、妈

七月十六日（1970年）

---

① 我是六六届高中毕业生，1968年响应毛主席"上山下乡"号召到农村插队。后因病被生产队退回。但当时沈阳市对知青的户籍政策"只准外迁不准回落"，我成了城乡都不收的"黑人"。每个月到区教育局临时批粮、油票。当初下乡我的住房已交房管所，回来后借住亲戚家。那样的生存状态是不言可知的。

② 即王福瑞，原辽宁省作协的汽车司机。新中国成立初，他给爸爸开车。爸爸对待下属，不论是秘书、警卫员还是司机都非常关心爱护，尊重他们的人格，尊重他们的劳动。所以，爸爸的群众关系特别好。即使爸爸妈妈落难，这些人也不另眼看待，关系如往常一样密切。

三十二年后，当爸爸妈妈重新踏上这块曾经战斗过的地方，当他们徜徉在长江大桥时，回首往事思绪万千。爸爸按捺不住激动的情怀，作《漫步长江大桥述怀》：

　　　　昔渡长江踏狂涛，
　　　　而今漫步七彩桥。
　　　　龟蛇有山仍相峙，
　　　　黄鹤无楼更逍遥。
　　　　鹦鹉赋溅芳洲血，
　　　　水调歌舒楚天焦。
　　　　矫时慢物唯君子，
　　　　奈何兰蕙没莱蒿。

　　7月末8月初，省五七干校安置办先后两函催促爸爸赴沈落实安排他们到黑山县芳山公社某生产队落户。爸爸鉴于妈妈的病情及自己年逾六十且毫无劳动能力的实际情况，复信安置办恳请组织重新考虑安排地点。

　　　　亲爱的玉儿：

　　　　难为你了，这些天让你无穷的悬念。不写回信是我的罪过，实在是罪过！因为我尝过惦记亲人的滋味。附去的长信，你读过后，也许能减轻一些对我的责难（包括你的姜叔[①]、婶），抽时间送给姜叔看看。暂时你替我妥为保存。不必让其他任何人知道。这信在廿四日已分寄有关组织及个人

　　————

　　[①] 即姜德明，辽宁省图书馆善本专家，是爸爸1928年呼海铁路局传习所同期同学。1934年爸爸入狱后，他积极参加营救活动。"文革"清理阶级队伍时，他不顾个人安危，实事求是证明爸爸这段历史，为此遭到造反派毒打。

了。且听下文。

　　妈妈的病略有好转，但十分不巩固，仍有一触即发之势。幸有几位好同志帮忙，一切困难都可以度过。望勿为念，愿你专心一意地工作、劳动和学习，千万不要为此过于分神。代向你姜叔、婶致意。我实在抽不出时间写信。望他们原谅！

　　祝

　　进步，健康！

父

廿五日夜（1970年12月）

　　9月初，妈妈的病情再度恶化，强烈要求复去湖北。7日，爸爸匆匆起程陪她去武汉。17日返京。"为时不及两月，两次往返京汉间。生活动荡，昼夜不宁。加上八九个月以来，为安置、为病人，东奔西走，顾此失彼，几无宁日。"年过花甲的爸爸也被折腾得心衰力竭，几近崩溃的边缘：宿疾肋膜炎复发，疼痛起来就吃土霉素顶着，也不就医；入秋后先是关节炎加重，后转为半身麻痹。

　　安置办方面对爸爸的请求既不回信也不寄工资。

　　10月，爸爸再函请安置办以下几点：

　　（1）安置芳山公社的决定是否可变？

　　（2）仍留居金州是否可行？

　　（3）依靠子女，迁汉口，有无可能？

　　（4）如芳山决定无可变余地，为了替组织甩掉包袱，请求退休或退职，是否可以批准？

　　对于爸爸的一再请求，安置办置若罔闻。不顾病人的死活，就是扣住两个人的工资不发一分钱。

　　爸爸在几无生路的情况下，12月2日去沈阳办理迁芳山事宜，将妈妈丢给分娩不及半月的姐姐照顾。4日下午，爸爸接妈妈犯病的北京急电，催他火速返京。这是一年来妈妈第六次大犯病，也是最厉害的一次。打人、摔东西……三个人都控制不了她。

幸蒙安置办领导准假五天。当爸爸提到欠发几个月的工资时，竟第一次听说扣发工资是执行"八二八"命令："未经安置的老弱病残，两个月不参加干校学习就以旷职论，旷职就得停发工资。"

今天，当我重新阅读这些信、重新回忆那些人和事的时候，真的不敢相信那些往事曾经发生过。当初去北京治病、护理病人是经你们批准的，为什么反过头来又指责别人旷职？

五天后，妈妈的病仍然无转机。在万般无奈的情况下，爸爸含泪给安置办负责人，给辽宁省五七干校领导小组和辽宁省革命委员会主任毛远新、李伯秋分别写信，反映一年来病人的病情，汇报自己的困境，诉说某些人的所作所为，再次申请退休或退职，他说："我和白朗同志谁够退休条件就批准谁。如果都不够退休条件，恳请准予退职。退职不是什么好事情，但由于无奈，也只好忍痛走这一条路了！"

我保存三十多年的这封信的草稿上，仍留有几处清晰可辨的爸爸的泪痕。

接到爸爸 12 月 22 日给有关组织和个人的书信后，我心急如焚。找到安置办领导请求出具北京的住院介绍信，也希望能发工资。人要吃饭，病要医治，这些都需要钱哪！住院介绍信总算给了，但工资仍然拒发。

亲爱的玉儿：

　　前后两封信及住院介绍信均收到。近一周来，你妈妈的病逐渐稳定了些。打人、骂人、摔东西的情况已停止，饮食也恢复正常。只是睡眠还不好，容易兴奋。往往早五点就起来，东拆西洗，不肯罢手。烦躁易怒的症状还时常出现，看起来她还能努力用理智去克制外来的干扰。加之适当服药物和感情上安慰，有可能巩固一些时候。经同孔大夫商量，暂时可不送精神病院，在家加意护理和治疗。这样比住院治疗给病人精神上的压力则更少些，心情更敞亮些。住院介绍信仍然是异常需要的，因为意外的情况依然存在。

昨天，经朋友介绍一位有经验的老中医给你妈妈开了两个方子，日内试服一下。如有效可以常服此方，也许比西药温和、彻底些。

你妈妈刚犯病时，特别想念亲人。她不止一次要求我给你和你哥哥打电报，盼望你们即日来京。当时我考虑你和傅英都有工作在身，因家庭细事而离开工作岗位是不好的。后来经大家向她一再讲明道理，你妈妈病中不正常的感情终于克制了。

我和你妈妈都不愿意把家中不愉快的事告诉自己的亲人，有些事只要我们可以解决，何必给你们添忧和分散精力呢。到现在，关于安置办的问题、关于你妈妈这次犯病，还没有告诉你哥哥……你了解这一点，就不难理解为父母的心情了。

安置办的问题，我们能够耐心等待他们的下文。你不必单独再同他们接触了，有必要时，我给你写信去。

心绪很乱，还没有给你姜叔、婶写回信。

祝

一切顺利！

爸、妈
1971年1月3日

爸爸说妈妈犯病时盼望我和哥哥能去她身边，而他自己何尝不是呢！他只是怕影响子女的前途而克制着。爸爸妈妈都把子女看得很重，不管是不是在身边都牵肠挂肚，盼望回来，舍不得离开。妈妈一旦知道我们之中的谁要坐晚车走了，她连午觉也不睡，一个小时一个小时的倒计时。爸爸更厉害，记得一次我从沈阳来北京，哥哥姐姐在站台接到我说："火车还没到天津，爸爸就把我们攉出来了。"等我们到家时，只见年迈的爸爸亲自下厨房烙馅饼等我们呢！

玉儿：

你的来信早已收到。近些天来，因你华姐决定离京去湖北干校，忙于安排家中琐事，未能及时回信。你一定又在胡思乱想，替我们着急了。其实人生矛盾常在，能够来则安之，习以为常，也就无所谓了。这一点你三叔豁达过人，是我们学而不及的。

你华姐行前，已把你的小外甥女——楠楠暂托给街坊一家姓张的，还比较可靠。因为周洲可能在三月里下五七干校（广播事业局干校在河南）。为此，一些家务事。必须早做安排，俾其减少他们后顾之忧，安心学习、锻炼。你看，现在我们一双老朽倒变成"支左"的了。可是我们自己的事仍如一团乱云悬在空中。

你姜叔建议颇实在。我想在你专陈安置办这封信以后看做出什么样的决定，再俟机提出来。根据以往经验，安置办不会很快答复的。必须抓紧催他们（找该办的主要负责人），你不免要多跑几趟，但万不可影响工作！

这件事要多请教姜叔、婶。随时把进行的情况告诉我们，写真实情况，不怕"报忧"。

寄去江江近照一张，是在九个月照的。楠楠照片月末寄去。

粮票二十斤转给姜叔，不另函。

祝你

工作顺利，身体健壮！

爸爸

二月廿三日（1971年）

爸爸一再开导我们要随遇而安。但是，在这个纷繁、嘈杂的世界里有谁能真正做到"来则安之，习以为常"呢？爸爸仍然为妈妈的病、为姐姐夫妻关系、为外孙子外孙女、为悬而未决的安置问题而忧心忡忡。

长期以来，若不是因为妈妈舍不得外孙子、若不是为了照顾姐姐生孩子，依爸爸的个性早离开北京了。但生活是复杂的，有时不得不屈情迁就。

姐姐休完产假该回干校了。与此同时，辽宁省机关干部轰轰烈烈的插队落户、走"五七"道路的工作亦进入尾声。据说，安置办将解散，成立善后领导小组处理老弱病残等遗留问题。从爸妈又老又病的实际情况，姜叔建议他们晚年能和子女一起生活，他强调妈妈的特殊病症一旦犯了，爸爸一个人是毫无办法的。但是，爸爸则认为这个问题不是安置办更不是短期能解决的。他考虑当务之急是尽快结束客居生活，回到自己的"家"。

然而，命运注定他还要漂泊。四处为家，四处不是家。就像他在《青玉案·断雁》中写的那样：

　　春花秋月知几度。更几时，玉龙舞。霜关暗锁天涯路。风西渐北，芦花获絮，忆衡阳曲浒。

　　一夜吹枯成千树，浓云横洒泪合雨。寻无人字哀入户，叼翎伤翮？抑老病残？日落断肠处。

人们可能还记得那个年代，人的一切行为都离不开工作单位和户籍关系。去医院看病不是根据你的病情需不需要医治，而是首先审查你的政治背景有没有资格就医。每个人的日常所需都要凭证、凭票。这些证和票都是户口所在地发放，不用说别的，买盒火柴也是按人口凭本供应呢！

爸爸给安置办写信，要求回金州旧居。

玉儿：

　　二日接到来信后，即等待安置办的正式通知。可是今天已是十三号了，仍无消息。如果回金州的决定无变化，在离京之前，还有许许多多事情要提前安排。现在我的计划是这样：第一步我先回金州，需要把空了六年之久的烂摊子，特别是一堆捆装待运的东西整理一下。拆毁的炉灶要搭起来；修理电灯线路（上次回金州搬家就是摸黑住的）；准备柴、米、油、盐……之类的生活必须品。这些生活琐事不做事先准备，如果同你妈妈一道回去，不仅十天以内开不了伙，跑里跑外、乱糟糟的，我也无力照顾病人。金州粗略安排一下，第二步准备接你妈妈，这个任务可能落在你的身上。但不知你们的工厂，能否准你十天八天的假。这个也需要你事先同厂子领导打个招呼。不行的话，我将另想办法，或者我自己去接。

　　这些事若放在两年前，我的体力和精力都是不在话下的。近年来，简直是力不从心，仿佛突然衰老了十年，旧病重发，新病接踵而至。尽管还有"老当益壮"的意志在，而一连折腾几天，却有一倒不起之势。这也就是我们一再请求退职，走消极道路的主要原因，但亦非所愿！

　　这次回金州，因为要随身带些东西，沈阳就不能停留了。既然安置办慨允借支，臂助回金旧居疗养，我就希望安置办尽快把借款汇京，或是由你代领汇给我。

　　借款总额为一千三百元（附借款收据、借款开支清单，详另纸，以备审阅）。其中清债务两项计七百八十四元。一笔是交"金纺"1970年5月至1971年4月计十二个月的欠租共八十四元。一笔是还你姐姐七百元。这笔钱原是一千元的定期存款，去年11月间，因你姐姐分娩和我们经济困难，取出三百元，同时将定期存折改为活期的，余额七百元，陆续至今年三月份全部取完。现将定期存款利息付出清单及活期存折一并附去，以备你向安置办说明。按理讲借自己女儿的钱，可以不必急于还的，何况一千元存款中还有我们在"文化大革命"以前，给她买钢琴①的八百元呢。可是目前她非常需要物色一架旧琴。中央民族学院就将开学，文艺系舞蹈班经中央批准保留。在教学方面提倡"洋为中用"和"一专多能"，她是教舞蹈的，今后必须提高钢琴伴奏的业务水平，"单打一"教舞蹈的时代已经过去了。因此自己有一架琴，在过去已有的基础上，可以自修、自学。六七月间，她可以由干校回京，这之前打算把旧琴购到，以满足她十多年的夙愿。这一点，在必要时也可以向安置办负责同志说明，他们一定能够理解的。

下面讲一讲你妈妈的近况。

自从今年一月，她主要连服廖大夫的甲、乙处方以来，大约至今各服二十五剂中药（三天一剂，甲、乙方交替服用），在她连续失眠或过度兴奋时，配服"冬眠灵"和"奋乃静"的情况下，谢天谢地，总算维持她的病没有大犯。这说明中药处方对症，其疗效比西药更可靠一些。此次同她谈回金州治病、养病，她在思想上通了大半，而且表示同意。一方面是理智压服病症，当然也同连续服甲、乙两处方分不开的。你听来一定卸下很大的悬念，但我还不能高兴太早。现在和以后还必须继续治疗，谨慎护理，以观"后效"。

另外入春以来你妈妈的许多老病回升，特别是"肺气

---

① 给姐姐买架钢琴是爸妈多年的心愿。为了子女的需要，他们宁可自己节衣缩食。

肿"越来越加重，痰咳不上来，经常闭气、喘息，以致影响睡眠和活动（但她又待不住），这可能是甲方（去热、补气）一直缺两味药有关（缺的是枳实、羚羊角。浙贝已找到川贝母代替，莨肉也亦找到），两味药中羚羊角特为重要。如果沈阳中药房能买到羚羊角，其疗效一定更好了（这个方子药量特重，药价也特贵，不算浙贝、莨肉、枳实、羚羊角，是一元九毛多）。你可以持原方到太原街（秋林公司斜对面）中西药房和中街"人民药房"问问看，如果能买到枳实三两，羚羊角二钱，这样即可够廿服药之用，解决大问题了。乙方（镇定、安神的）所缺的"朱砂"，你哥哥已由汉口买到，勿念。甲方原方附去，用完速寄回。

另外，你还要请安置办给开两封介绍信：

（1）请金纺总务科给搭一个小煤灶。工料费自付；

（2）请金纺总务科电工，修理室内电线；

（3）买铁炉、烟筒、电灯泡的介绍信（原来五个灯泡，五月间全顶坏了）。

祝好！

爸爸

三月十三日（1971年）

这封信必要时可以给安置办看，没有什么可避讳的。

又及

我从安置办听说组织上同意爸爸妈妈回金州的决定，马上给北京写信报告这一消息。爸爸为了便于照顾好妈妈，准备自己先行，去金州安顿停当再接妈妈。

爸爸考虑的往往是别人。记得在爸爸晚年，我常陪他散步。一路上只要看见石块或瓜皮什么的总是弯腰捡走或用手杖扒拉到角落里，碰上有人问路，他总是很耐心地指点，偶尔说不清他会挺不过意地向人家道"对不起"。有几次遇见几个青年在人行道上打羽毛球，爸爸总是静静地等人家停顿的时候匆匆走过去……

玉儿：

十五日寄去的挂号信想已收到。今天是廿六日不见你的回音，一定是事情很不顺利。这种情况我们在事先完全估计到的，因此并不着急。可是，你不免要上火的。你妈妈也担心你为此生病，埋怨我上封信写的不够周到，没有向你交个底。

我说过为借支一事一定要扯皮的。现在怎样？如果关键在这里，可以不必和安置办计较。总之回金州总是需要一定开销的，多少可由他们去考虑，去批。只要他们认为怎么合理就怎么办好了。

让我们回金州故址，原是安置办的意见，这对病人是个照顾，我们也同意回去。是不是这个"意见"又变卦了呢？如果真的变了，说了不算，这是组织上的事，也无的可说，更不必去争。但是变了以后又将怎么办？这一点你可以向他们问个明白，或者请安置办直接来信通知我们，据此好做新的安排。当然，这是假想。也许不是这样。

匆此

祝好！

爸爸

廿六日晚（1971年3月）

爸爸焦急地等待安置办的正式通知。接不到消息，他开始胡思乱想。

只有爸爸知道要做通妈妈的思想工作有多难。一旦安置办原来的许诺变了，他将如何说服病人呢？

玉儿：

　　关于安置办"变卦"那封信，如果不是你妈妈先看到的，我可能在适当的时机慢慢告诉她。不巧信先落到她手里，她气炸了，怎么办？为了安抚病人，考虑两天之后给安置办写了现在这样一封信。其实，当前的现实处境也只有如此。看过信，你就会了解的。信我没有留底子，送前，你抽空抄一份保留，还是给你姜叔、婶看看，免得他们悬念。不管情况变化如何，准备离京之计决不再变。因此，你也要做离沈来京的充分准备，特别要把你"新居"的"房权"处理妥当；把奶奶安排好……来的时间（可能在一周或十天左右）等我的电报（不必安置办派人来帮忙）。

　　安置办的突变，搞乱了我们的生活"秩序"。这是暂时的情况，要相信变是永恒的道理。更要相信好、坏事互相转化的客观规律。"车到山前必有路"需要创造条件，付出劳动。"柳暗花明又一村"，没有不怕阳光的历史历程，哪里还有个人的什么"桃源"?! 孩子一切放心吧，但是让你操心的日子，一时还结束不了似的，这一点，你妈妈可是真着急。

　　四月份工资何必如此着急汇来？一切事见面再谈。

　　祝你健壮！

爸爸

五日晚（1971年4月）

　　安置办的朝令夕改被爸爸不幸言中。害怕发生的还是发生了：命令妈妈去沈阳治疗。事情过去多年了，我至今也不理解造反派为什么要这样。

　　爸爸给安置办的信再次提到"退职"问题，这是肺腑之言。以后的事实也证明了这一点。三中全会落实政策后，他们调回中国作家协会安排为驻会作家。但爸爸为他们的"老"与"病"不能工作而忐忑不安。1982年中央组织部出台离休规定，他和妈妈第一个向作协党组打报告申请办理离休手续。其实像他们那样级别的作家可以不办理离休，但爸爸觉得在其位必须谋其政。

　　亲爱的玉儿：

　　　信悉。本该早几天写回信，免得你惦念。可是因周洲的行期一直定不下来，两个孩子的安排一时也不易落实。致使原拟廿三日离京去沈昨天不得不推迟到廿六日（广播局决定周洲本月廿五日前下干校），估计这回不至再改变了。你妈妈思想既然通了，早去比晚去好。后事如何，争取尽快见分晓，拖着是不利的。

　　　带楠楠去已成定局，一是从家务情况看不带不行；二是你妈妈从感情上也舍不得丢开楠楠，这是她一大安慰！对巩固她的病情确是一剂良药。当然，带楠楠去一定会遇到一些不便的，这可尽量去克服它，好在有你及你姜叔、婶在沈协助，我的顾虑较小。

　　　你争取廿三日到京即可，票买好了一定来个电报，我好去车站接你。

　　　给安置办的信，望即转去。同时去姜叔、婶那跑一趟，把上述情况告诉他们，以免悬念。

　　　奶奶的生活安排好！

　　　廿日前后，可能拍个电报去，持此便于购车票。

　　　匆此，一切见面再谈。

　　　代向奶奶，姜叔、婶问候不另。

爸爸

　　　四月十五日下午（1971年）

你妈妈近日来精神不够正常（她自己不认为如此），争取在京多服几剂汤药，以免路上或到沈犯病。这也是迟走两天的重要原因。此情有必要可向颜振荣讲一下。又及

在安置办仍然要求他们去沈阳的情况下，爸爸只能个人意见服从组织决定。虽然爸爸说"顾虑较小"，但困难和风险是客观存在的。因为我的住房尚未落实，他们来后只能住招待所或办公室。携老拖幼（不足半岁的婴儿）在那样的环境里，生活会有诸多不便。而最大的问题是妈妈的精神病随时都有恶性发作的危险。爸爸将踏入雷区！

尽管生活是如此的残酷，但他并没有只沉缅于个人的痛苦里。最让他忧虑的仍然是国家和民族。1971年春他写七绝《无题》一首：

青衫白发过京华，
强攀琼岛探琼花。
西山丹霞溢三海，
明月横空①玉阶斜。

玉儿：

两封信均收到。今天收到汇款。

上月廿五日，周已去河南广播局五七干校，他把越越带去了。这事并未取得你姐姐的同意。你走后。从五月七日开始，竟是为这件事纠缠不清。很伤脑筋。你妈妈为此病又加重了。最近连续服了几剂中药，略微见好。望勿为念。

---

① 明月横空：即"曌"，女皇武则天为自己造的字。

楠楠仍托在赵家。姥姥既不去看，又不让接回家来，真是一反常态。我抽空看过几次，孩子长的越发可爱了。开始呀呀学语，身体也很坚实。

你姐姐在"七一"五十大庆的宣传任务结束以后，可能请假回京探望妈妈和处理与周洲的问题。她们目前特忙，政治运动、生产劳动和宣传队的宣传任务齐头并进。但她来信说精神很愉快，身体也很健康。也许真是如此，思想上的疙瘩解开了，一切都会好起来的。她让我们替她向你问好。

你的婚事进行怎样啦？甚念。不要操之过急，更不可让"命运"操纵自己，反过来要掌握它。以你的智慧是完全可能做到的，我们也很放心。总之千万不可"以貌取人"，政治品质比什么都可贵。有了它，就有了一切，包括所谓一生的幸福。

你姜叔有信来，讲了一些有关复审干部的情况，安慰你妈妈好好养病。我还没有给他们回信。

附去照片五帧留念，其他的底版不太好，没有洗。

祝你

幸福！

爸爸、妈妈

六月十四日（1971年）

我于4月22日抵京，准备27日陪爸妈北归。然而，不幸的事又降临了。我到京的第三天妈妈犯病，病情严重。爸爸写信向安置办请求五一节后动身。

在北京的十余天是我一辈子都忘不掉的，总记着有一种心口透不出气的感觉。4月30日，姐姐的大男孩儿越越被接回来，他跟着我转来转去，我替他拆洗从幼儿园带回来的小被子；妈妈木雕泥塑般的坐着；夜幕里，爸爸独自在小院子里走来走去，一支接一支地吸烟……

十天后，妈妈的病依然没有好转的迹象。不得已，5月5日我只身回沈阳。行前，爸爸交我一封转给安置办的信。

周洲终于去了河南五七干校。但这并没有缓和家里的紧张状况，反而更厉害了。

我走以后，爸爸周末按惯例去广播事业局幼儿园接越越。阿姨却说孩子于头一天被他爸爸带走了，爸爸又遇上新麻烦。自妈妈病后，姐姐的孩子成了她唯一的希望和安慰。特别姐姐不在北京的日子里，每到星期六她就眼巴巴地等孩子回来。爸爸接不到孩子怎么向病人交代呢？

这无疑是在妈妈已然破损的心房再撒一把盐。

玉儿：

　　十一日收到汇来的你妈妈工资。

　　十三日收到来信。

　　下面我先把你想到的几个重要事情讲讲，免得写写就忘了（脑子已经变成了化石！）。（1）你打算去金州家晾晾东西，怕是衣物全发霉了。你想得仔细也周到，对的，一切衣物不仅发了霉，可能有的也已烂掉。这个家，往近算是关了两年，实际加上三年"文化大革命"，足足关了五年以上。金州临海，雾大。往常住人有烟火，除冬季外，房子里总是湿漉漉的。何况门窗紧闭五个伏天，其结果是不想而知的。只是为了人的平安，这些身外之物早就抛到九霄云外了。目前正是雨季，即便你能去金州，遇到连阴天，也是束手无策。我想在立秋后，我们的安置仍无定局，那时如你可以抽身去住上三五天，整理一番可能适宜些。钥匙全在北京，一旦有了决定，将设法寄给你就是了。（2）关于安置问题，你

108

不必同他们直接打交道了。你妈妈病的情况，我的要求，以及再三请求停薪留职……已向安置办交代清楚，并且急待"回示"。安置办回示与否和如何回示，这是组织上的权力。如果事与愿违，也必须容有考虑余地。唯一原则，就是人是最最重要的，谁也不能否认这个原则。今后你单是按月给妈妈领工资就行了。工资再发生新的纠葛，请安置办直接来信说明或由你代为转达都可以。（3）你妈妈是一九三一年参加革命，请他们查对本人的历史自传。

再讲讲你妈妈的病。你走后两个多月，她的病是在逐步加重。直到现在还是不说话，整天在院子里无目的地转来转去，竟到深夜十二点或下一点。经我屡次三番劝说，才能进屋休息，不脱衣服、不脱鞋囫囵躺在床上。早晨天不亮（四点左右）就起来，又是一天。这样情况将达两个月之久。白天，我不敢离开，只好托隔壁那个老人买点菜。最令人不解的是她不让楠楠回家，问什么也不发表意见。实在闷人！

中药已暂停服，立秋后再说吧！

近来我的身体还好，能支持一阵，只是精神觉得烦闷。一有时间我就读书，学哲学。反复读了美国记者斯诺的文章，如此可以克服不少烦闷情绪。现在我强制自己多吃主食，每餐增加一两，有利于促进健康，不让它垮下来。因此你目前不必急于来"换班"。你姐姐来信说可能七月份回京，不知到时能否如愿。我们的情况，望转达姜叔、婶，不另写信了。乞谅！

祝你，进步、幸福！

爸爸
七月十四日（1971年）

关于爸爸的问题，安置办一直不做明确处理。对于本人的几种意见既不说同意也不说不同意，只是吊在那里让你心神不定。家里家外的烦心事给爸爸精神上的打击是沉重的，爸爸晚年的神经之所以失常，恐怕此时就埋下病根了。

爸爸是有条理的人。为了弥补日见衰退的记忆，他把想到的事随手一条条记录下来。平时上街买菜也写张小纸条。

亲爱的玉儿：

七日晚接到安置办来电叫我速去沈参加运动。因你妈妈正在病中，电报没给她看。八日夜写信给安置办，说明我不能如命去沈的理由，请其定夺。我怕他们收到信后可能再来电催，惊动你妈妈引起麻烦。因此，我在给安置办信末尾嘱如再来电、来信时寄小孔处转我。十一日晚忽接："接前电勿复等信"的电报，我以为是安置办看到我八日信后。考虑结果仍让我去沈参加运动。"勿复等信"——不必再等回信了。此电未能瞒过你妈妈，我不得已示以前电。一面安慰她，一面抽身再函安置办。十三日早，信发出。十四日上午收到你的信，这才拨云见日，同时发觉闹了一场不大不小的误会。

两次致安置办的信，都是"理"与"节"兼顾的，不必担心。直到现在给你写信时还未接到他们的"回示"。待有新的情况，我必去信告诉你。

你三叔和你姜叔的信件同时收到的，接着就是安置办来电……心情确实乱糟糟的，未能及时给你姜叔复信。想知心者当能谅我！望代为致意。汇来工资已收到，勿念。

我的工资问题，可不必再向安置办提（经济固拮据一些，但还能过得去。现在"人"是大事！）。

你姐姐何时回来，尚无定局。

估计你要病倒的！为什么瞒着不讲呢？我们暂时的不幸，给你带来一个又一个焦虑，你的病是经不起这样过重的负担的！现在我要劝你了，心放宽一些，注意健康，认真工作。现在爸爸妈妈顾不上你，实在遗憾！

祝你一切都好！

爸爸

八月十六日（1971年）

7月下旬，我趁去山东出差之便绕道北京。妈妈看见我一反常态，没有任何表情。酷暑天，屋里像蒸笼，可妈妈却里三层外三层穿了许多衣服。衣服上的汗渍一圈又一圈，也不肯洗换。爸爸不时地给她洗毛巾擦脸，为了驱除汗味，爸爸一遍遍地往妈妈的枕巾上洒花露水。

1971年春节过后，爸爸决计带妈妈离京回东北。然而，事情一波三折伤透脑筋。最后，终因妈妈再度犯病未能成行。延至8月，妈妈的病非但没有好转，反而更厉害。7日晚，爸爸接安置办电报催他去沈阳参加运动。

当时，妈妈身边除了爸爸还有半岁的外孙女。爸爸无力脱身，但他并没有消极等待，而是积极寻找突破口。他联想到延安"抢救"运动时，妈妈精神失常达一年半之久，日本投降后妈妈随东北干部大队奔赴故乡的途中，经过长城某关口时，心情豁然开朗，病症不治而愈的情景，希望奇迹再次出现。8月8日，爸爸给安置办的信中说："近来在我脑子里不断回旋一个想法，如果能得到党的同意和帮助下，我打算把白朗同志带出琐屑斗室到朝气蓬勃、精神焕发的广阔天地中呼吸一下新鲜空气，就是通过参观，从而受到政治教育，召回继续革命的志向，我这个想法，对她的精神恢复健康是现实的。希望能获得党的批准。行资、食宿费用，我可以设法筹措。只要能治好白朗同志的病，身边一切有何足惜！"

亲爱的玉儿：

上月卅日和本月三日收到你两封来信。昨天（十三号）又收到你的信。你离开我们身边才半月光景一连寄来三封信，这我深切知道你是时刻惦记妈妈的健康和为我们的日常生活担忧。其实你应该完全放心，一者有你和你哥哥在此廿多天的苦心操办，已经使我们的生活恢复正常化，并且有了颇好基础；一者这里的日常所需，虽然比不上北京、沈阳那样丰富，可是海产、鸡蛋之类则甚充足，此已足够保持健康了。至于蔬菜少一些，也不过是初春淡季暂时现象。等六月初大批青菜上市，这点小小困难也就解决了。因此，你千万不可总为我们的生活琐事牵肠挂肚，忘了自己的工作、疾病和终身大事！过着忧郁苦闷日子，不积极改变目前的情况，反倒让我们放心不下了。

工作岗位不由自主，而只要有革命的志气，有为人民服务的行动，还怕没有较好的个人前途吗？疾病固然同你的身体素质有关，但药物和精神是可以战胜它的。如果总是自暴自弃，自怨自艾，那还能好起来吗？至于对象的选择，你不操之过急，能以严肃、谨慎的态度对待之，这是对的，我们原也十分赞同。但要知道：世界上十全十美的事是不存在的，理想与愿望不能代替现实。低不就，高亦难成。岁月无情，虚掷何益？量己求彼、估势而行，始为明智。你是个聪明、要强、有主张的孩子，终身大事当能善自为之。只是别像小脚婆那样，蹒蹒跚跚、不慌不忙地走去，将来若只剩个"婆"字，岂不辜负了自己也辜负了老人们？

说这话绝不是不同意你对小张的当机立断。原来我们是喜欢这年轻人的直爽无隐，能够暴露自己的短处。但这一面却不能抵销他冥顽难化的落后面（终归要改变过来的）这个大缺点。大概你姜叔、婶后来也有所查觉，因此他们的看法产生矛盾也是难免的。这个你不要介意，也勿芥蒂这些小节，损伤过去的感情。你不可忘记从前他们为你的大事费过心思，应届情谅之。

以上皆老竹腹空之谈，但非"墙头草"，可供参考就是了。

你走后，你哥哥回家两次，住了三四天。他把炉子套好了，并去煤建（近处无货）购得煤油五斤，可供月余耗用。他于本月五日返连，因工作任务完了，七日同一同事去京。在京约小住一二日，看望你姐姐一番，然后返校。你姐姐没有信来。她见到哥哥及你去的信，了解我们回金州后的生活大概，她也就放心了。我还不曾写信给她，你姐姐也不能没有意见。我知道自己的毛病：懒，太懒于动笔了，说穿了就叫作自私。我们不愿意你们学我的坏处，希望及时知道你们的一切。

自从你和你哥哥走后，因为廿几天热闹惯了，剩下你妈妈和我两个老朽，觉得有些孤单冷清了一阵子。现在已习惯此种安静生活，面前有报纸，有"参考消息"，更有许多可读和必读的书，倒也不甚寂寞。只是苦了你妈妈，奈何！

上星期日老安①同小董②夫妇特地从大连来探望你妈妈。

---

① 老安是跟随爸爸妈妈多年的老阿姨。她一生坎坷，丈夫早逝，靠给人家帮工供养过继来的本家侄子。侄子长大成人仍然养不了她，爸爸妈妈一直把她看作自己家里人。从1964年"四清"以及"文革"初期，家里常常只有安阿姨一人生活。后来清理阶级队伍，爸妈进了牛棚，造反派说雇用阿姨是资产阶级的剥削行为，必须辞退。为了生活，安阿姨嫁给大连的一位老工人。据说那家很穷，婚后安阿姨才知道家里不但欠许多外债，连那个女儿也是呆傻的。为了还债，安阿姨上山打草卖，给人家带小孩儿……

② 即董连芳，是爸爸妈妈在金州时的朋友，她丈夫在军队带兵，常不在家。我们叫她小董阿姨，有的时候她也住在大连。她是位既善良又热心的人，"文革"以后金州家里的许多事情全靠她帮忙照顾，甚至，安阿姨的晚年生活也是她和她的全家关照。

小董还送来许多花生，老安进屋就给洗衣服、做饭，实在不易。可惜她老伴在大连，又兼给人带个孩子不能分身来金。她第二天早车才走。

大张地图、去污粉等，你哥哥均已买到。家里什么也不缺。你买个洗衣盆，是多余。能退，就退掉好了，退不掉得便就捎来。以后需要什么必写信去，否则切不可瞎买。

望你遵医嘱按部就班服药。新工作定下来时来封信以免悬念。替我们问候你奶奶、姑父母。等着去发信，不多写了。

祝你一切顺利！

妈妈、爸爸

五月十四日午（1972年）

妈妈的工资尚未寄来，过两天我写信去催。又及

1971年9月11日，我接姐姐的电报：爸妈15日早6时04分抵沈暂住你处望接。接到电报后，我匆忙做些必要的准备。

在那阴霾的日子里，爸妈在我简陋的斗室里生活半年之久。这一时期妈妈的狂躁症已转为忧郁症。虽然生活仍不能自理，但病情还算平稳。

那时我居住条件十分差，室内没有厨房更谈不上厕所。屋子里只能摆放两张单人床给爸爸妈妈睡，我则每晚走几里路借住在高中同学家。第二天清早回家，爸爸已把炉火生旺。一家人吃过早饭，我去上班，爸爸挤公交车去很远的北陵或西塔参加学习讨论，妈妈一个人守候在家里。

干校学习班当时学习的主要内容叫"民主补课"。爸爸很认真地参加，不但读文件也准备厚厚一摞的书面发言稿。为了不影响我使用桌子，爸爸那些发言稿大部分是坐小板凳在床沿上写就的。有一次，下班的时候忽然下起雨来，我跑回家拿上雨伞去接爸爸。但他浑身上

下早淋湿了。还记得冰天雪地里我搀扶妈妈去几十米之外的公厕，一不小心自己滑倒不算把妈妈也拉倒了。

当时沈阳商品供应情况极差，每人每月发一斤肉票、二两糖票。同志们知道我爸妈来了，偶尔接济我一些肉票、糖票什么的。有时爸爸下午停课或提前放学，他便拿着饭盒去沈阳南站餐厅买一两样荤菜和几两主食。那时到饭馆吃饭，需要菜饭搭配着买。从北京带来的几小听猪肝酱罐头爸爸都留给妈妈拌米饭吃。

20世纪60年代末70年代初，我国与苏联关系交恶。东北地区到处搞"深挖洞，广积粮"，我们工厂去郊区打备战用的土坯。每次都是爸爸给我准备午饭，他把饭盒装得满满的，让我分给其他同志吃。妈妈病后，爸爸不只是父亲更是母亲。他的这些感情是在不声不响中凸显的，他是内向的人。但也有例外，记得陈毅同志逝世的消息从收音机里播出时，我们正在吃饭。爸爸的脸色骤变，把手中的玻璃杯往桌子上重重一摔，吓我一跳，杯子也破碎了。我想那一刻的爸爸，不仅仅是激动、感慨，更是悲痛和悲愤。嗣后爸爸急就《哭陈毅元帅》：

> 华夏云封走惊雷，
> 红旗泣血半角垂。
> 一声大笑寻归宿，
> 几洲震荡几山颓。

1972年4月，哥哥将去大连出差。在安置办同意的情况下，爸妈准备回金州。行前，爸爸为我备下充足的柴、米、油、盐并打扫卫生，把所有锅碗瓢盆擦得锃亮。我埋怨爸爸，他却半玩笑半认真地说："三八作风什么时候都不能丢，何况这也是我的家呢。"几十年过去了，每当想起爸爸的这句话心里总是热乎乎的，只是酸楚难奈。

安置办派专人送爸爸妈妈回金州，他们和金州纺织厂联系说，爸爸妈妈将继续住在金州纺织厂的宿舍，在金州"欢度晚年"。

亲爱的玉儿：

三日收到来信。知你祖母患肝脓肿，甚是挂念。今天收到你姜叔来信说：老人已入市立第二医院，手术后经过尚好，不知确否？上了年纪的人做一次大手术，对身体的亏损是非同小可的。我们在此遥祝多加珍摄，早日恢复健康。预料你三叔已回阜新，护理你祖母的担子，不免多半落在你的身上。你刚刚卸下我们的负担，不幸新的负担又接踵而来，而且你自己也还在病中。你服中药后是否确见功效？再来信应据实相告，不要报喜不报忧。

上月廿八日接到一连来函，通知我已把我的关系转到二连。而截至廿八日你妈妈的五月份工资还未汇来。离沈之前老颜亲口承应我们回金州以后的工资由组织按月汇寄。因此于卅一日我给一连颜振荣并转二连党支部负责同志发了一封催寄工资的信（挂号信）。并同信附去十三个月未发工资的书面情况，请他处理。收到你三日的信，本来想马上回信让你即去安置办一、二连问问情由。我又想：我给安置办的信刚寄出三天，照常规别说欠发工资未必得到处理，单是你妈妈的五月份工资也未必汇出。我主观设想，他们可能在本月三、四号该发六月工资时一道汇来。这样索性等八、九号不见音信再告诉你。这就是没有及时回信的原因。我知道，你为我们这些烂摊子事，又在着急上火了！

你个人的忧实在够多的了，我们怎能忍心让你一再为我们两个老朽分忧呢！可是命中注定，这些事还得落在你的头上。你就放心大胆地办去吧。好或坏，都由组织来决定，咱们的主观愿望是不能算数的。但只求快些落个实。

新的形势也会出现新的情况，如果有什么变化，亦望据实以告。匆此。

祝你早日康复，一切顺利！

妈、爸

六月七日夜（1972年）

附一连来信一纸，看完了寄给我。问清二连党支部负责人的姓名，告诉我。又及

我祖母做肝脏手术时已经80岁，术后恢复十分缓慢，半年多不能下地。因我单身一人，照顾祖母自然由我承担。

爸爸妈妈离沈前，安置办负责人与爸爸一再重申：组织照顾两位老同志年老体病回金州欢度晚年，并希望爸爸写一份关于长期拖欠工资的书面报告，以便组织处理。

玉儿：

十一日上午，平安抵京。忙乱了一阵，你哥哥他们于十六日遄返武汉。这两天算是稍微平静了下来，怕你悬念，草草写几个字去。十日上车前给你妈妈服了一些镇定剂，一路她是处于昏沉之中。沈阳和你们匆匆一面，至今她仍以为是梦境。玉儿的哭声，你三叔的慰问，在她的印象里都很深，但她始终否认那是现实。到达北京周洲来接（他已由广播局干校调回，重新安排在中央台"学哲学编辑部"）。你姐姐忙于公演，不便请假到车站接妈妈，夜里十点多终场她才回家。几天来我虽然忙得昏头涨脑，随时都想倒下去睡他一年。但有了子女们的依靠，总算暂时超脱了在金州那种上不着天、下不着地，一日数惊，六神无主，三天吃不上一顿饱饭的窘境！像那种情况，谈不上给病人治疗，而只能加剧你妈妈的病，我自己更时刻担心支持不下去。我要是病倒了，

则"生活"不堪设想！我实在不愿意让你知道这些令人不快的事，增加你的忧心。本来你祖母的病，已经够使你操心的了。你多次责难我不写回信，写吧，只能报"平安"。你既不相信它，反增疑虑。连我觉得一再扯谎，太不像话！可我怎好把真实情况告诉你们，叫你们火上浇油呢？

这封信写了两天，刚才收到你的挂号信。医疗介绍信也寄来了，完成了一件大事。稍待几日再说服你妈妈去看病。现在人手多了些，我放心了，你也不必日夜悬念了。

这条皮褥子很好，比我买的那条暖。换给你妈妈铺了。

十一月份工资是在金州时收到的。今后领到工资只汇三百元整数就是，切记。

你三叔有无调回的消息？老奶奶已否痊愈，均在念中。

在大连买到了"鹿茸精"，还给你姜叔、婶邮去两瓶，身边带来的足够半年服用。我们的情况，得便转告你姜叔、婶一声，免得他们惦念。心绪还没安定下来，暂时不给他们写信了。

越越仍在"民院"小学上学，楠楠也还托在"民院"的同事家。两个孩子都很好，长大了。

不知忘写了什么，脑袋昏昏沉沉的。想起来，下次再写吧。望你常写信来。

祝你愉快、幸福！

爸爸、妈妈

十一月廿日夜（1972年）

10日夜，大连直达北京的火车途经沈阳站。事前爸爸拍电报通知我，恰巧三叔回沈探望祖母，我和叔叔去车站与爸妈晤别。虽然几十年过去了，但当时的情景，却像摄影镜头般定格在记忆里：我和叔叔在寒风中焦急地等待着。列车开来了，但戒备森严不准我们靠近，听说有"首长"同志要上车还是下车。终于开始放行一般旅客，停车时间有限，我紧张地在站台上奔跑着、寻找着……第一个闯入眼帘的是爸爸那张憔悴的脸，然后是哥哥。爸爸拉着我到软卧车厢看妈妈，我不记得大家究竟说了些什么，只记得自己扑在躺卧着的妈妈身上痛哭不已。

人生最难过的事，莫过于生离死别吧！

爸爸妈妈回金州后，每封信都是报平安。哥哥回家探亲目睹父母的窘境，才说服爸爸离开金州。

在金州孤独而寂寞的日子里，爸爸写了许多感时的诗篇，如：《清平乐·一梦》《清平乐·一哭》《答友人》《重阳呈德明弟五寄麦粉》《自嘲》等。

他在《寒时野望》中，暗斥江青：

极目远山数峰雄，
汹涌沧海走云中。
朝暾蒸蒸开宿雾，
东风款款寄春情。
万木披蓑独啭鹃，
百花戴翠一枝红。
遥指迷茫蓬莱岛，
他年归去挂孤篷。

继乃写《青蛾》：

青蛾浪入帝王家，
乱绕官灯示无瑕。
角爪暗触蓝田玉，
额红翅粉撒天涯。

从这些诗词中可以窥视爸爸心路之一斑。

亲爱的玉儿:

十四日收到你的信,本该及时回信才对,只因春节后我患感冒一直拖拖拉拉不好。本来我就懒,因此这就更有词可借了。我明明知道你寄出邮包和汇款以后,肯定是天天盼信的,可是我没有给你写几个字去,实在是罪过!

近些天感冒确实好了。只是梦中呼叫和梦中起动的老毛病却是加重和频繁了。我自己撞伤、摔伤都不要紧,累得你妈妈受惊睡不安,甚至深夜惊起,反来照顾我。我真发愁,照这样下去,怎能不使她受刺激,又怎能让她的病得到好转呢?

你的意见很好,我同意你去安置办开个医疗介绍信。等你姐姐招待外宾演出结束时,还是由她给你写封述说我的病情的信寄去,你抽空拿它去安置办,那就更明正言顺些,你看对不对?

你妈妈正在服熊大夫(施今墨的儿媳)的处方,已连续吃了六剂。明天可能陪你妈妈到熊大夫家去。我打算顺便也请大夫看看。不必惦念。

你三叔有否调回的消息?你姜叔、婶身体可好?便时替我们问候。

祝你工作顺利,精神愉快!

爸爸、妈妈

二月廿日夜(1973年)

爸爸信中提到梦中惊叫、打闹的症状,是1934年在日本人监狱受刑时落下的病根。一般在心情压抑时出现,20世纪70年代后这一毛病越来越严重。1970年春，爸爸由北京去沈阳办理退休手续。当时我从乡下回城还没有房子，干校招待所已撤销。爸爸借住老司机王福瑞家。我赶过去看他，因为早晨爸爸刚下火车，正在睡觉。我进门碰巧看见爸爸四肢挥动、口中喊叫，分明在发火。当时，我的眼泪不由自主地流出来。等我叫醒他，他却一点记不起发生了什么。

亲爱的玉儿：

挂号寄去你妈妈和我的医药收据。等领六月份工薪时，一块儿办报销手续不迟，不必单为此事跑文化局。请假太多了耽误工作，影响也不好。

医生处方一并寄去。一者可供文化局了解你妈妈和我的病情。一者每张处方抓了几剂药、时间、药价等也可作为对照参考（我有几张防治站的小收据，都是针灸收据），便于他们"研究"可否应予报销。如果其中哪些不能报，请他们说明制度就够了，不必与之争执。当然讲清楚我们的医疗情况，特别是你妈妈的情况是必要的。

两次收据我大致计算一下，大约不超过四十元。这个数目还不及给你妈妈买四丸中等牛黄安宫丸的价值，更不必说过去和现在购买其他药物所费之巨。我们是公费医疗的干部，但"文化大革命"以来，一直是自费治病买药的。虽然，安置办讲应当报销。

领得之款暂放你手，不必寄京。但所有处方务必收回，挂号寄给我。因为这批处方是比较有效的，以后还可使用。

你妈妈的病经过熊、许两位大夫的诊疗。的确见效一些。不过出去看一次病着实费劲，还必须你姐姐和我两个人陪着才成。从二月以来我连续服药、针灸，病状逐渐好转。使我最焦虑的是半身麻痹、两臂两手疼痛，不敢活动（前些时候不能拿笔写信）。痛苦是小事，不能很好照顾你妈妈病，却是十分伤脑筋。这回一改我有病不愿治的老毛病，有生以来如此重视自己的病还是第一次，如此服药、针灸双管齐下，也是创举了。

你仔细看一看许作霖大夫的处方，不难看出我们的病都有好转。处方是不能骗你的。你自己也有病，这样为我们着急上火，你病倒了可怎么办？不说别的，谁替我们领工资、办交涉、传消息呢！

最近你的健康怎样，休克的毛病犯了没有？我们也是时刻惦念的。下次把你的病历写来，请许大夫开个方子。他的中医医术比较到家，我对他也有些迷信。

你姐姐虽然很忙，一星期至少回来两次照顾我们。周洲和越越、楠楠每星期六回来，星期天晚上回"民院"。你哥哥时常有信来，两个孩子都很健壮。勿念。

下次来信把你三叔的通信地址告诉我。替我祝贺他有了新的工作岗位。人民教师是光荣的。前天我还听到电台播了一首歌颂人民教师的歌，这不简单。我们希望他安心工作，老奶奶去你三叔处没有？替我们问候。

祝你工作顺利，精神愉快！

妈妈、爸爸

五月廿九日夜（1973年）

长期不断的外忧与内患，爸爸终因积劳和积郁成疾。年来，他的大病小病纷至沓来。但他心中想的仍然是如何照顾好妈妈。

爸爸妈妈这次去北京，虽说姐姐夫妇关系表面看已经恢复，但姐姐一家平时还是住在民族学院宿舍。我们都明白爸爸为了妈妈的病不得已才去北京的，他心中的阴影挥之不去。

亲爱的玉儿：

书、工资和信已先后收到。勿念。《渔隐丛话》是一部较好的诗话。往昔曾涉猎过，不久前我在信上抄录王安石的一联对仗，就出在这部丛话里。近些天，我正在依次读它，解闷不少。但不知这书是谁送给我的。是你呢？还是你姜叔？在此书末册，我看到一纸小书签，上有书名、册数和书价。而其字体，千真万确是德明同志的手迹。写这些，并非想追求书到底是谁给我的。不管谁，反正我收到了，而且我十分喜欢它。写这些是因为我联想到辽宁图书馆是否正在清理旧书库，而后把一部分无价值或多余的旧书，送到市面上或在内部出售。如果这猜想是对的，我还提出一个新要求：设法给我物色一部《史记》。去年冬周洲由他同事那里借来一部，我曾贪婪地读了一遍又一遍。以古鉴今，得益匪浅。但借书总是要还的，不能放在身边可以随时翻一翻。年来我的记忆力坏到"昨日事不知是非是，今日事犹在梦寐中"的程度。幼时读司马迁《史记》多为慕名，多为一字褒贬而识别历史人物；今读《史记》必须务实，从中汲取世务，而增进识时务。我虽"老夫耄矣"，也还须努力为之。不如此，将不能维持余生。因此得一部天书伴之而终天年，可谓极乐矣。

给你寄邮包以前（具体时间记不清了），我曾给你三叔和你各写去一封信，信中也曾谈到你的终身大事，我同你三叔的意见所见略同。但在你六日来信中，似乎你没有收到那封信。地址未漏"三段"，想来不会丢失。我那件毛衣，不必着急织。身边还有一件薄的可御秋凉。近来正打算再服汤药。可惜许老大夫正在患病中，不便去他家打扰他。因此只好另找门路或继续服许大夫老方子。你妈妈精神较为稳定，不必挂念。婚事如有定，望即来信。祝你一切顺利！代问你祖母及姜叔、婶近安！

爸爸、妈妈

九月十二日（1973年）

爸爸没有很高的学历，但他在文学艺术领域诸多方面的造诣很深。在肩负这方面的重任时，是游刃有余驾轻就熟的。正如许多人评价的那样，不仅聪明，而且勤奋。

1994年3月，辽宁作协的陈言同志说："'文革'，省作协多数人没参加（造反）组织。参加的都外面造反去了，大院里没参加造反的群众一般听我的，我把他们组织起来刻钢板、印传单。作协的两个美编不行，罗烽同志美术字好，我和他上街写大字块。

"大连（铁道学院）红卫兵来抓罗烽，我先给他挡住了，没给人。后来还是被他们揪去了，我们又要回来了。我很尊重他，（他）一辈子倒霉。我是盐城人，新四军的，白区传统。在白区因工作性质复杂，所以实事求是。有就有，没有就没有，讲人情味。罗烽同志吃亏就吃在被日本人抓过。我不怕。……

"他们俩（罗、白），特别罗烽同志的地位不在创作上而在活动上。要从文学史的角度考察他们，要把他们放在新的视角，他们是受害者。罗烽的短篇（小说）非常好，但是后来他的才华无法施展。想写，但没法按自己想法写，内心很苦闷。罗烽同志的学历虽然不高，但绝顶聪明，完全凭自学。修养非常高，文化层次和其他人不同。人聪明从盘锦干活就可以看出来，六十岁的人干什么像什么。活干得非常巧，一般人没法比……"

1956年前后，爸爸一度产生写杂文的冲动，但写作计划最终没有实施。尽管如此，仍然没有逃过劫难。

1957年，在罗织爸爸的反党罪行中有一条"创作不勤奋"。今天，你会觉得创作不勤奋与反党罪行简直是风马牛不相及。然而，在那个年代里确实发生过如此令人啼笑皆非的荒唐事。

姑且不说"创作不勤奋"是否是划反党的一条标准，就目前所搜集到的著作年表而言，如果按他30年代中、后期的创作速度计算，他的一生完全可以著作等身。如果他不被搅进接连不断的政治斗争的旋涡中，如果我们一直坚持"双百"方针，如果……然而，现实是残酷的。生活中永远不会有如果！

亲爱的玉儿：

很久没给你写信了，实在不像话。不仅心里抱歉而且十分焦急。看到十六日来信，是准备接受你的责难的。但你不曾责难我，反而责备了自己没写信来，这使人更是难过。

十、十一两月不是个好月份。从越越确诊肝炎初期开始，你姐姐的老病也犯了，医生给她开了全休。十月中旬房管所检查四十一号住宅，要马上大修。不然明年开春有坍塌危险，那时如出事故他们就承担责任。这样只好照办。周洲请了假，我协同他照顾这里的乱摊子，把你妈妈动员到"民院"你姐姐那里去住。接着动工：扒倒两间房的后墙，发现三根柱脚都朽烂一米多，比酥糖还酥。原来梁枋只担在就要倒塌的后墙上，实在险甚。因此又动了木工，来个顶梁换柱。三根柱子换完，这才砌后墙。直折腾了小半个月，房子还未烧干，你妈妈就急着搬回来了。因为房子潮湿加上天气转冷。由感冒引起咳嗽气喘，片刻不能安睡。经过连服汤药和注射卡达霉因，到目前才算稳定下来，但还不能下地走动。继续治疗慢慢会好起来的。不必惦念。

不瞒你说，我也闹了些小病，感冒一直拖着不好，吃了药也不怎么见效。不过在紧张的日子里，我还能支持下来。托天之福没有病倒。上述这些全是实话，没有骗你，没有报喜不报忧。你应该相信，更应该放心。

沈阳已下了雪，北京还不见冷。前些天结了一次冰，但白天都在零度以上。讨厌的是几乎天天刮大风。从房子修好就生一个炉子，温度比较适宜。再冷时再加个炉子，北京取暖煤不限量，不会让你妈妈冻着的。

老奶奶去新丘，剩你一个人将会觉得冷清的。你三叔近几个月来如何？我经常想到他，但我又没有精神提起笔给他写信。生活如此平淡，又有什么值得可写的呢？一直也没给你姜叔写信，也是出于这种心情。你姜叔可能会谅解我，而你姜婶一定要骂我不止一次。有机会代我问问好。

两个月薪金均收到。文化局也没人来。你的大事，我实在无能为力了。只希望你愉快健康！

爸爸、妈妈
十一月廿一日夜（1973年）

41号住宅在西四北四条，是个四合院。姐姐家住后院三间东厢房的两间，另一间是一双老夫妻。院中有棵高高的香椿树，自来水在前院，旁边有几棵花椒树。一年四季爸爸都到前院洗米洗菜。隆冬的冰水加剧爸爸的关节炎，致使他两手食指和中指的关节变形弯曲。除了买菜做饭，还要给妈妈煎汤熬药。晚饭后爸爸要把满满一桶煤渣、垃圾提到很远的胡同口。他知道即使有病也不能倒下。

"男大当婚，女大当嫁"，是做父母的最大心事。爸爸也像天下的父母一样着急我的婚事。

亲爱的玉儿：

你寄出的书一直没收到。现在书是珍贵的东西，如果不挂号寄。就可能丢失，很可惜！但不知是什么书？

近半年来，已有了借书看的门路，同时还买了些内部读物。可惜想看书却没有完整的时间，成天被生活琐事所烦扰，似乎还不如在干校劳动省心。差强人意的只是你妈妈的病还没有大犯，基本上维持在沈时的状态。而我虽有点小毛病，却也无妨。看来老天是同情我的。

你姐姐前些天才从哲盟返京。休息一天，接着就编排"十一"节目，十分紧张。不但暑假休不成，工作反而增多了。所幸她的精神还好，整天十二小时的工作、学习尚未病倒。

月初你哥哥带小梅来京，他是因有工作任务向"海司"来汇报的。现在也住在家里，生活十分热闹。

上月给你三叔寄去一包食品，料已收到。给你姜叔配的老花镜早寄出，同时还寄去三十斤全国粮票。文化局政治处已把两封介绍信挂号寄来，大概是电报起了一点作用。创评室的领导先生们得拖即拖，尽管你跑破了鞋底、磨破了唇舌，这些老爷们还是得推且推。哀哉！

工资皆收到，勿念。盼你常来信。虽然我们很少写去。

祝愿你安心工作，身心健康！你哥哥、姐姐问候你。

爸爸、妈妈

十一日（1974年8月）

1974年4月底，姐姐家由西四搬到月坛北街单元楼房，两室，另有厨房、厕所。除了楼层高，可算一步登天了。

1974年年初，因为民族学院搞教育革命进驻工人宣传队，需要腾房子。姐姐一家四口搬回同住，老少三代济济一堂生活十分热闹。姐姐夫妇早出晚归工作忙，家务多半由爸爸承担。六七十岁的人偶尔还扛煤气罐爬五楼，他并不抱怨辛苦，令他烦恼的仍然是不能参与社会活动。他责备自己成了"尸位素餐，无功受禄的东西"。爸爸曾在信中不无羡慕地对我说起姐姐："他们虽是劳累一些，可比我们生活得有意义。"他渴望对社会有所作为的雄心不减当年。他在《故国》中写道：

令威非所美，
志在鲲鹏翔。
一击九万里，
生死寓八荒。
翩摧投东海，
命危避北邙。
形魂绕故国，
何须骨还乡。

亲爱的玉儿：

　　首先向你道个"不是"，这样长时间没给你写信，是不容原谅的。九、十月来，华儿曾几次要写信去，都被我阻止了。因为告诉你真情，一定要影响你的工作（何况你正在工作不顺心的时候）。而写平安信，更将引起你疑虑，反倒让你不安。现在好了，一切全好了，我也能提笔给你写信了。提起笔来似乎有许多许多话对你说，其实一句话就可以说明，过去两个月是个"病月"，大小病包围了一家人。本来很平静的生活，搞得马乱营哗。主要是你妈妈和我，她是老病轻犯。我则是轻病重发（长时间感冒，引起半身麻痹）。现在幸而好了，病痛又成过去，慢慢也会健康起来。毋庸为念！

　　两月来读到你两封信，使我们少了一些牵挂。教学工作①逐增乐趣，确是可喜的事。但两封信里都未提起你的终身大事。未免过于慎言了。我们虽远处异地无力助你玉成，能听到片纸只言的佳音，也将能给我们平淡生活增添一些色

---

① 此前，我已改做民办教师。

128

调。这种心情你当理解的。

来信仍须挂号付邮，以防遗失！

祝你

一切如意！

爸、妈

十月廿九日（1974年）

妈妈的精神仍然处于抑郁中，但其他宿疾如气管炎、肺气肿、腰椎骨质增生等越来越严重。爸爸的健康状况也不乐观。近一两年来"病月"几乎连成串，成了"病年"。

亲爱的玉儿：

托毛主席的福，你三叔总算病愈出院了。这些日子够你操心的，如果你没有病倒，那真是万幸！但我估计你必定要病的。

你责难我不把家里的真实情况告诉你。我倒觉得不告诉你为好，让你知道也不能分忧，而只能给你精神上增加一大堆负担。这既影响身体又影响工作。你说对不？

你英哥再次来京廿多天了，这次来主要是动手术，附带办些公事（夏天来主要为公事，其次是治病）。廿三日在301医院顺利地做了甲状腺肿瘤摘除手术，廿七日就可拆线。经多次诊断到肿瘤取出。均确实证明是属于良性的。因此大半年乌云盖顶，一旦一扫而光。

你哥哥的病一直瞒着你妈妈。经三〇一门诊、会诊、到手术完了，这才把医院诊疗书给她过目。就这样，也不免受些刺激。幸好最近托人弄到些"谷维素"，这药你妈妈服用较好，有调解神经、镇静与增加睡眠的效果，绝无副作用。可惜市面药店买不到。

上述一场虚惊，也是事后才告诉你。你一定又要埋怨我了。好在风波已静，一切如常。埋怨就写信来吧，我是不会丝毫介意的。只要你内心不存什么亲疏之分，我就不怕。

元旦前想给你寄点香肠去，可是近来这里有些食品控制较紧，香肠之类市面很难见到。节日过去可能好买了。

工薪均收到。越越、楠楠也都健壮。勿念。

祝你一切好！

妈妈、爸爸

十二月廿六日（1974年）

在哥哥病情没有确诊的半年里，对于爸爸的精神压力实在太大了。人们常说孩子是父母的希望，爸爸妈妈落难后，更是把一切都寄托在子女身上。1961年，爸爸在《伤逝吟》中写道："故园青青身却故，革命自有后来人。"

玉儿：

辛亏你送我上站。否则，我个人即便上得车来，也未必找到座位。列车一直误点，至金州已将到五时，其晚点一个半小时。如在冬季则天黑矣。

到家第一道关：房门锁锈了，干着急进不去屋子。无奈只得去找董连芳同志，幸好她在家。于是搬来救兵，二、三青少年连敲带砸。总算破门而入。可是屋里尘土满眼，霉气扑鼻。原来三爿后窗玻璃被恶少弹石打碎将近半数。为此，风雨、尘埃皆可自由闯进。暮色沉沉，几乎害得我投宿无地。这也辛亏连芳同志，指挥小将们连忙打扫一过。我则被拖到她家去吃晚饭。之后她又送来干爽的铺盖。第二天大早又送来米、油、菜……一大堆，真是盛情难却。

几天来，都是在逐屋较彻底清扫一番。有连芳同志派来即将下厂的一位知识青年做我的帮手，减了许多操劳。今天清扫工作盖可基本告一段落。你来时略可顺眼。

如挂面好买，给我带三至五斤。这里米、面、油俱全，但我懒得动手做。一个人吃饭不入味，你经年累月生活想亦如此。有家未必成家，我实在为你着急！

猪油炼过没有？瓷缸底下压着四十元，备你零用。下月八号左右能来否？能来，时间来得及的话，先函告我一声。

祝你健康、幸福！

爸爸

七月卅日金州（1975年）

爸爸借暑假姐姐照顾妈妈之机，绕道沈阳回金州。自1972年离家至今已三年。爸爸陪妈妈易地客居多年，其中的辛酸和不便可想而知。他一辈子最怕给人添麻烦，哪怕是子女也不愿轻易打搅。

这次他只身北归虽然没对我说什么，但我猜他心里一定有什么不愉快瞒着我。

亲爱的玉儿：

你的来信和汇款已先后收到。

我回来的第三天夜里，又从床上摔下来，这次摔得较重，右肋、胯以及头部皆受了伤，服药后逐渐痊愈。现在只是全身动转失灵，头还有些阵痛。本来摔了一下，无甚要紧的，只是上了年纪，恢复慢些就是了，勿念！

沈站匆匆而别，实觉遗憾。最最难过的是未能如约在沈停留一二日，看看你和德明同志。我平生最恨失言爽约。无怪你不高兴，其咎在我。

你妈妈的精神还好。华儿催我速返京，多半是怕我一个人在金生活不便，但也是由于你妈妈对我过分悬念。你给妈妈买的床单和给楠楠、小梅①做的小裙子，大家都十分满意。小梅那件，过些日子给邮去。

粮票怎样处理都行。换全国粮票的事，你也不必着忙。如果调换不便，就不必换，免生枝节。

你三叔最近有信否？你老奶奶健康如何，均在念中。

需要什么，来信说一声。

祝你一切顺利！

爸爸、妈妈

九月八日（1975年）

8月27日接爸爸电报："华催速归28日31次返京沈不停留。"我凭电报购站台票进站与爸爸会面。列车尚未停稳，车厢里的爸爸先看到我，他的座位恰好临靠站台。因停车短促又兼车内乘客拥挤，爸爸离不开座位。父女俩一个车内一个车外，从开启的车窗握手言别。

那时，大连到北京的直快列车仍需运行三十小时，爸爸却买的是硬座票。但只要陪妈妈旅行，爸爸总是设法坐软卧。

亲爱的玉儿：

前后两封信都收到了。该及早回信而没回信，既不是我们的健康有问题，更不是出现什么不愉快的事：一切归罪一个懒字，是思想上生了锈，热情逐渐降温。这可能是一些没出息的老年人的通病。若不，就是我个人的药石不治之症。过去偶然表现在梦中，而现在却时常表现于清醒的时候。连我自己也不能不感到它可憎，可怕！

大约有半年（或许更长一些）没给你三叔、姜叔、你哥哥他们写一个字去。廿多年前我的警卫员来过多次问候信，

---

① 楠楠是姐姐的女儿，小梅是哥哥的女儿。

我竟如此不近人情地置之不理达一年以上。这一切给我精神上的压力很重，但我仿佛无力改变这种极端反常的状况。我明明知道他们在怪罪我，这是合情合理的。我没有理由希求原谅，因为我的错处都是自觉的。

少年时读《三国演义》总是对曹公的"我宁负天下人……"之类的人生哲学不能理解。老人斥之为奸之雄，从演义观之，亦不过火。待略知马列主义及毛泽东思想之后，对照史实看曹公残酷镇压"黄巾"，再利用"黄巾"安抚的军事力量而争夺政权，继之当上汉朝的太上皇。对此，则不能不感到郭院长的"替曹操翻案"的翻案文章，言之过火和操之过急。看到曹公的"横槊赋诗"形象，而讳讳上述的历史真实，更讳谈曹公大造迷宫"铜雀台"寄托"长枕大被"的最终志愿。称作什么马列主义的历史学家？但我读过（仔细读过）郭院长的宏文巨著，倒也有受益的一面，那就是我也在学"宁天下人负我"硕识远见。

话扯远了。这叫无病呻吟。不足为训。

回京将四十天，仅落地两次，不为多。况且伤痛早已痊愈①，不必遥念。你想到的做条厚褥子夜里垫在地上，这事你姐姐已为你实现（有两寸厚的棉褥子，即便摔下床来，也能继续睡下去）。越越和楠楠都争着要睡在地下哩，你看可笑不可笑。

我已经有两件毛衣，你再给我织一件，就叫我变成地主了。钱处理不当好改正，浪费时间可是一去不返。学习、工作你会安排得很好的。毛衣应不织或为后再织。多腾出些时间，多读些有用的书为好。

提起书，我该告诉你，《史记》已购得一套（十厚册）。

---

① 爸爸不仅四肢受伤，其中有两次头部撞伤血流不止。虽然他自己不以为然，但确实吓坏了我们。

得空并转达德明同志，毋庸物色此书为我操心了。

全国粮票六十斤如数收讫。余数留你处，别再托亲告友地调换它了，实在太麻烦！

你的终身大事，何时才能报喜？

祝愿一九七五年让我们看到喜报。

妈妈、爸爸

1975年10月6日

1971年郭沫若出版《李白与杜甫》一书时，爸爸住在我那里。他对于郭沫若扬李抑杜到不合情理的程度，颇有微词。他曾赋《无题》：

> 秉烛长思寻佳句，
> 行间字里窜蠹虫。
> 睥睨黄巾尊魏武，
> 供奉谪仙损圣雄。
> 铜雀台成拥大被，
> 长安道禁吟哀鸿。
> 只缘不索风流债，
> 千姿万态摆摇中。

亲爱的玉儿：

"前后两封信及两个月的工薪均收到。"上面这两句话大约是一个月以前写的，记得是周洲去沈阳后几天的事。说实话，这个把月以来，我真忙，忙家务，忙照料病号。周洲离京前，你妈妈开始闹肠胃病。稍好之后，楠楠就患了病毒性感冒，从此就排号病了起来。楠楠刚送回幼儿园，越越又发烧躺下了。越越没全好，你姐姐接班。我是插在越越和你姐姐之间凑了几天热闹，托毛主席福，很快便好了。周洲于上星期天从大连返京，他正赶上你妈妈在唱压轴戏，感冒与气管炎、喘息并发，来势颇猛。经及时注射卡那霉素、安茶碱和适症的口服药物，才算稳定下来。可是现在我给你写信时，你姐姐正在西屋躺着，感冒重犯。其实她从个半月前做人工流产手术以来，一直未能很好疗养。上班则搞大批判（批判"清华"反毛主席教育路线的反党集团），下班则忙于家务和照料病号……如此，病当然要反复的。今早给她打一针"卡那"，估计很快就能退烧。我已恢复正常，勿念。

周洲说他离沈去连前，曾特意到家去看望你。你锁着门，灯亮着。他费了九牛二虎之力才算找到你的住处，偏你不在。否则，至少可以从表面上看看你这几年的生活状况。使我们略可放心。

北京大、中、小学的大批判运动早已开始了。从十一二月的《人民日报》及十二期《红旗》杂志上的文章，都可以看到它的内容的。目前，以"清华""北大"为首的大、中、小学校，都已是大字报满墙。上边已联到教育部长周荣鑫。沈阳如何？你和你三叔都身在教育界，深望十分重视这一运动，切不可半点含糊！

你哥哥已回汉。此次来京公干，仅在家待了一星期，来去匆匆，身不由己。江江与小梅都好勿念。你三叔处如何？上述情况希转达，不另。

　祝

　工作顺利，身体好！

妈妈、爸爸

十二月十三日（1975年）

妈妈的精神病自1972年深秋去北京后，仍然是抑郁的老样子。整天不言不语，表面看无所思无所求，可脑子里究竟想什么连爸爸也猜不透。妈妈的胃肠病最后酿成胃溃疡，无奈，动大手术将胃切除五分之四。

亲爱的玉儿：

十七日寄来的粮票、布票和信早已收到。花布的花色到年终货色不全。你姐姐跑了几个布店皆无合适的，只好选购十二尺布呢。孩子们是否喜欢，也不得而知。十二尺大概够裁两件的。你转告王秀英①同志别寄钱来，这点小意思就算送给孩子们的，大人不要挂在心上。

眼看七六年元旦就要到了。现在值得庆幸的是一家人的病全好了。只是小楠楠的咳嗽还没有好利索，因此一直没送回幼儿园。

前几天，你三叔又给孩子们寄来一大包葵花子。其实这类东西你们十分需要，既然寄来，只好照收，可是我这懒人还没给你三叔写个道谢信。这倒也符合"批孔"的精神：不必讲"礼"了。但你若写家信时务须代为致意。

德明同志老年丧偶一事，我们已心照不宣。时过境迁，再提起只能勾起他的伤感。不再提起也罢。另纸抄自制词一阕，曰："两寂寞"。希代呈德明同志，聊以慰远。匆此。

祝新的一年诸事如愿！

爸爸、妈妈

十二月卅日（1975年）

姜德明叔叔无子女，我调京前时常抽空照顾他们。姜婶临终的夜里只有我和姜叔在，姜叔嘱我暂时不要告诉爸爸。许久后，姜叔暗示给爸爸，爸爸寄《两寂寞（失调）·留别明弟》：

---

① 王秀英是我的朋友，她有十几尺北京布票托我代买花布。

虽非昆仲，我道是，情同花萼。缁发共峥嵘，白头两寂寞。眵眼相对泪眼，叙叙说说，说也奈何？

朝分东西，游子吟，暮复南北。志在撼乾坤，命里烟波客。登山且觅青山，日日月月，月华春色。

亲爱的玉儿：

一周前这里的主治大夫就允许我下床散步了。这次病来得突然，可是好得也快，且无再犯迹象。这一切当然要归功于抢救及时、医疗有效和护理得当。再巩固一阵子，肯定会好起来。望你宽心，我肯定会好起来的。

交你办的几件事都办得很好。金州的粮票，分两批收到。你寄来的粮票也已收到，随后将寄回五十斤，你留为储备。汇来工资均照收无误。为什么非把廿元钱①汇来不可，不听话。

附去诊断书及收据十张。报销款万勿寄回！如诊断书会计无须存档，你可要回保留之，以备为后交涉迁居时作为证明。

我烟酒皆已戒绝，生日也没喝一滴。沈阳有无震情，要警惕，千万不可粗心大意。春节前如能买到"天府花生"再给你寄去一些。你妈妈健康如常，勿念。寄来的咳喘药片还未试服。现在，正试服另一种药。吃杂了就摸不清它们的功效。

祝你元旦愉快！新的一年进步、幸福！

爸爸、妈妈

十二月廿日（1976年）

---

① "反右"后爸爸妈妈受到降级处分，分别由行政八级和文艺一级降为十三级。每人月工资，一百六十多元，两人总计三百多元。爸爸只准我寄整数。

随着"批林批孔"运动的开展和邓小平的再度被打倒,"文革"进入第十个年头。这一年,是中国共产党领导的新中国面临生死存亡的危难关头。周总理走了,朱总司令去了,伟大领袖毛主席离开了我们,而"四人帮"的抢班夺权也到了极致。

在这多事之秋,爸爸的诗词创作进入高峰期,产生许多脍炙人口的作品。

1月8日清晨,传来总理病逝的噩耗,爸爸几乎不能自已,愤然填《水调歌头·痛悼周恩来总理》,继之,作《上元悼余(失调)》:

> 揭去黑纱,方披白雪,桑乾永定冰封,长城眺远翻玉龙,滚滚凄绝。七九送寒潮,恰是华灯上元节。
> 英雄碑下,花环云遏。卷地春风料峭,绢红纸素舞飞天,纷纷撕裂。苍天旋红雨,直染一江烈士血。
>
> 1976年上元初雨夹雪

3月,再作《春来晚(自制词)》:

> 疑是春来晚。客嗇春雨,两三点。雁也不来,看气冻空凝。一缕炊烟,几时送吸?
> 疑是春来晚,僵杨冻柳,霸王鞭。燕也不来,过旧时堂榭,换了新颜,不似人间。

4月5日清明,爸爸去天安门广场和群众祭扫英烈,以寄哀思。归来赋诗两首。

《青玉案·清明有感》:

> 丙辰清明,携女及婿赴天安门前扫墓。归来赋此记之。

几个奴才反封建，清明节，禁祭奠，手谕密旨串连串。令出山倒，天上地下，凶鹰共猎犬。

及时雨竞降花环。工农兵学商千万。大好人间都是怨，哀英雄碑，哭周总理。张弩还拔剑！

1976年4月5日

《感时》：

> 天安对面磐石垒，
> 千古英灵泪暗垂。
> 金水桥边角鼓动，
> 丹墀头上雄鸡飞。
> 半世黑风摇明烛，
> 两代肝胆捍丰碑。
> 乞君斥罢群魔舞，
> 莫叫红灯著寒灰。

1976年4月5日归来

7月26日凌晨，唐山地震波及京津一带。爸爸妈妈带越越和楠楠去武汉，此间作《七六年八月四日三度旅寓夏口》《过京避居江汉》等诗。

9月9日，主席逝世。全国上下在哀思、在惊惧，不知历史的车轮走向何方。爸爸相继创作《悼》《冬夜思乡——哈尔滨，并念靖宇同志》《夜宴》以及《老更人》……

在那些春寒料峭、阴雨绵绵的日子里，爸爸的思绪和时代脉搏一起波动。一次又一次的惊涛骇浪铸成爸爸的心疾。11月中旬开始，爸爸三次突发心脏病。发病时心口剧烈疼痛，呼吸困难，两臂麻木，脸色苍白，冷汗淋漓。幸亏海军大院医疗队抢救及时，才脱离危险。据爸爸说，开春后常感胸口疼痛并渐渐加重。但在此之前他从未向任何人谈起过，仍然操持家务，护理妈妈，照顾孩子。

亲爱的玉儿：

来信及款均收到。寄来的葵花子和木耳也收到了。以后别再寄什么吃的东西。我们的生活比你们好，这已经是不公平了。可是你却把一点来之不易的油水转给我们，吃了也不香，感到有些酸溜溜的。

原想春节前设法多弄些"天府花生"给你和你三叔寄去，而事与愿违，适逢市场供应紧张，老实人无法达到愿望。一家人分到你那只有一大包，着实令人不快。好在过了春节又弄到一些，给阜新寄去四小袋。大家都多少尝到这"天府"之物，取之又非特权，既安然又陶然。讲了一通无关宏旨的细事，七七年切不可忘怀了大事。你的朋友，看到你三叔来信介绍，如见其人。你的选择不错，也符合大家的期望，我们完全同意。你要下定决心，在七七年内圆满完成终身大事。我们静候佳音。（三月十一日）

你妈妈的病无发展。我的心脏病，基本未大犯。多半是情绪不佳或活动过头时，出现胀闷、微痛的感觉。如有克制力，可能恢复发病前的状态。但人已七十在望。尽管精神乐观，奈何气血逐日衰败。"夕阳无限好，只是近黄昏"。生老病死乃自然规律，非人力可战胜的。

昨接你华姐来信说，她们去山东、安徽学习未被"民院"上级领导批准。她不离京也好，多一个人照顾孩子，我们安心一些。你华姐他们催我办迁京事宜，她有一位在北京市公安局工作的老同学说我们具备迁京条件，但须辽宁同意才好。过几天，英和华将联名给创评室①写一封申请信，由

---

① 在此之前，辽宁省五七干校安置办已撤销。爸爸妈妈人事关系转辽宁省文化局创作评论室。陆明友、晓凡均为原省作协的老同事，当时负责创评室日常工作。

你持函找大陆（明友）和晓凡直接办理。辽宁批准与否，只求尽快有个下文。你办事，我也放心。但不免又要耽搁你的教学工作。"尊师爱生"，师，已有一定的地位，更该认真教育下一代了。前些日子武汉开了"尊师爱生"慰劳中、小学老师的大会，大概沈阳也会召开这样的大会的。"四人帮"真叫臭不可闻，老九何臭之有？

我和你妈妈及楠楠可能于下月中旬返京。一因北方气候已渐暖，北京震情日趋和缓。二因你哥哥将于四月下旬去昆明开门办学，小王一个人照顾不了老小一大堆。另外你姐那里早已做好了我们返京的准备。如有变更再写信告你。四月份工资仍照原数两处分汇可也。

江南已是满地如茵，梨花一片白的季节。沈阳还在下雪吧？中国之大，炎凉多异。

我和你妈妈身体确实还好。望勿念！

祝"尊师爱生"顺利！

爸爸、妈妈
三月廿七日于汉口（1977年）

鉴于爸爸妈妈的身体健康每况日下、年龄日趋变老的现实，我们都不同意他们再回金州生活。爸爸患心脏病后，迁居问题提到议事日程。考虑妈妈不放心也离不开姐姐，以及哥哥是现役军人等因素，爸爸经深思熟虑同意申请迁京。

亲爱的玉儿：

入夏以来北京热得出奇。一到下午，楼里热得像蒸笼一样，使人喘不上气来。直到入夜才见一丝丝凉风。也许因为气候异常的缘故，月来心脏病有些反复，实在恼人。最近不得不连续大量服药，已恢复回京时情况。你妈妈也欠安一阵子，患热伤风，现在也算好了，此皆实情，勿以为念。这个时期，家里请了帮忙半日的南方阿姨，洗洗做做，大家减轻许多生活琐事。阿姨人颇诚实，也很能干。我们想请她长期帮忙，她住在另一家半日工作的你姐姐同事家里，住处解决了，少操一份心。

回京将近两个半月，京区仅发生三次小震，震中都在唐、津一带老震区。这里震感不过三四级，没有什么影响。防震棚已在十三楼前搭好了，一家人全住进去还很宽松。可安放两张双人床，一张行军床。过些天打算搬进去试试。这件事是你日夜悬念的，现在情况如此，你就不要担心了。防震设施既已具备，又有北京市基本准确的震情预报，可说是万无一失。让你牵挂的第二件大事是我们的户口迁京问题。辽宁文化局派两名专员于月初到京。他们曾两次去公安局和民政局面洽，同时也两次来家里向我们反映洽谈的经过。情况如下：（1）正常办理户口迁京的程序是由女儿直接向所属工作单位（中央民族学院）提出申请，再转街道派出所及区户籍科审核，最后经市公安局批示。（2）辽宁省文化局承担出示迁移所需要的证件（如退休证……）和证明（如病情、干部情况……）。直接由该局向北京市公安局申请办理。不合手续（前两日你姐姐已向"民院"提出书面申请）。据文化局那位同志说：市公安局认为我们的户口迁京条件是具备的，并表示同情。他又说省文化局完全同意我们的户口迁京。北京市需要什么证件或证明，文化局保证照办。又说，文化局了解两位老同志是好同志，应当尽力尽快玉成此事。当然"四人帮"当权时，是不可能办到的，等等。是的，情况在不断变化，一些话是可信的。但困难还存在，不会是一帆风顺的。正如他们所提醒的"若是市公安局有熟人，事情就办得顺利一些"。他们的好意，我感谢但也反感！"四人帮"被打倒了，歪风邪气还在阴魂不散！何时才能烟消雾散，很难说。

在不影响重新分配工作①的情况下，希望你能来京住些日子。今年不至于像去年那样讨厌，那么巧合。去年给你开的路引还记得吗？两种走法：一是出站坐地铁到礼士路南口下车，然后转乘15路汽车到"月坛北街"下车，再步行一站之地便到十三楼（楼对面是"红塔礼堂"，正在搞修建工程）。一是出北京站，走到长安街乘1路汽车到"西单"下车，然后走过长安街横道，到"西单"南口路东15路汽车站（在一爿大五金店的门前）上车，"月坛北街"下车。最好是先打个电报来，我到站外接你，免得初次来乱撞笼子。

重新分配工作一说是否可靠？七八月间有无定局？望来信，以免悬念。

你三叔还是把两瓶玉米油托人带来了，叫我实在不安！日内我将写信给他。真该死，多久没给他写信，连时间我全记不清了。

来时买几管辽宁制的"脚气灵"来。此药较"灵"，但北京长期无货。寄去一批买药的单据，能报销就交给创评室。报销款不必寄来。我估计上次那批单据，他们没有给报销，你瞒着我，怕我生气。据实告诉我吧，日子越过越好，何气之有？

历次工资及来信均收到。勿念。祝你

幸福，健康！新的工作岗位早日落实！

爸、妈

七月十八日（1977年）

据说玉米芯榨的油对心脏病有治疗作用，爸爸收到玉米油赋诗

---

① 我因病由农村回城后，先分配进街道工厂，后转入"抗大小学"做民办教师。"四人帮"垮台后，"抗大小学"取消，民办教师待分配。

《谢拔公赠玉米油以疗心疾》：

失群断书信，
一关山海横。
江潭深疑路，
桑干浅结冰。
华苑魑魅闹，
血泣雁丘红。
油然生春雨，
闲庭花露浓。

亲爱的玉儿：

好长时间没有给你写信了！我觉得已有半年。而盼信的人自然感到时间更长了。收到你几封信和汇单上的附言，你都不曾要回信，也不曾有半点怨言，但你的心情我是完全理解的。因此，更使我惶惶不安！曾有几次把信封、信纸摆到桌上，可是又无决心落笔。手在发颤，思绪万千。今天我可以告诉你。过去一段时间，讨厌的心脏病又重犯了，不严重而持续的时间很长。烦闷、胀痛……几乎要压倒我，药物与意志控制完全失灵。我暗想：今年农历十一月初一（将是我的虚龄古稀之年）能否勉强度过，也竟是个未知数。托天之福，我算是安然跨过了这个"高龄"的门槛，而且逐渐恢复了健康。明天，华儿一家将庆祝我的生日。如果你也在身边该多好！

过去两月来，华儿一直参加舞蹈学校的进修课，早出晚归，忙累得不可开交。几次她要给你写信，我不要她写。写了则更将引起你的猜疑和悬念。索性不写，就让你天天埋怨去吧。好在如今你的事业问题总算落实了。可以较舒心地当个"人民教师"了。我们预祝你成为一位"桃李满天下"的社会主义教育的"红色园丁",这也是人生的一大安慰。

到底是教初中还是教高小的纠葛,解决没有?在基本服从组织分配的原则下,争取教初中是可行的(目前即便已决定后者,为后相机争取前者,也还是有希望的,不可灰心失望)。在教学之余,切勿放弃进修数理化的志向。拥有了革命事业的本领,何时何地全会有用的。

你急需的那套数学课本仍不见重版。北京两所"中国书店"的古旧书部,均无此书。一旦再版。必定设法抢购一套寄去。华已托咐几位中学数学老师代为关注。

报考大学既因超龄错过时机,确是一大遗憾(否则你有考取的条件)。命运如此安排,也只好认了。"四人帮"早一年垮台岂不是好,但客观历史发展是有规律的,不能按照我们的理想或愿望行事的。因此自己给自己吃苦药,便是自讨苦吃。你现在是比"上"不足,比"下"有余。反了孔老二的"中庸之道",我还有点它的残余,"取乎中"也算不差。倘若"四人帮"反革命专政再延续一二年,把你活活气死他们还要打你三百大棒!此言绝不过甚。

据确息,最近中央文件:(一)五七年戴"右派"帽子者(1)全摘(2)少平(反)(3)安排……(二)五九年划为"右倾机会主义分子"者(1)全摘(2)恢复原职……此件何时正式公布施行,尚不知晓。估计明春五届人大可见分晓。这个好消息大概宋、杨[1]还未必听说。望你酌情转告他们,好有个精神准备。所谓"精神准备"无非是安心工作,

---

① 宋、杨即宋文秋、杨修兰夫妇。宋文秋原为中央乐团小提琴手,善俄语。杨修兰是苏联专家翻译。1958年宋被打成右派分子,下放阜新与爸妈相识。1965年获悉朋友摘帽消息,爸爸写《默祝友人》:"鸡鸣稼穑夜教琴,半老犹习异邦音。雨露幸沾绢黄纸,打却乌纱系红巾。"

甚至是努力工作，争取当地领导及群众的好评。这与一项三条"安排"颇有关系，"好评"多，必定能得到适合专业的理想安排。而且文秋和修兰原都具备较好的专业条件。希望他们两位得到理想安排不喜，给予较次的安排亦不忧。以他们的有生之年，至少还有廿年的大好时光为人民去工作，为革命事业奋斗一番。一以填平过去的廿年，一以安慰我们的下一代！

我们不知道他们的确切地址，因此不能直接奉告。你给他们写信时"挂号"为妥，并代为问候。

你自己的健康情况怎样？休克的老毛病必须认真治疗。更重要的是终身大事要早办，不可一拖再拖！人生过隙。"时不我待"矣。

你妈妈的病情平稳。入冬以来咳嗽见重一些。老病是不易根治的了。勿念。

创评室补寄的证件早已收到。迁居亦在申请中。能否一举成功尚难预料。走着瞧吧。

一月份领工资时，给金纺总务科汇去七十八元（1977年全年房费）。收据直接寄"民院"你姐姐那里即可。再：一月份工资汇京贰佰元整，其余留你来京购车票用。盼你来京过春节。如你实在不能脱身，那点钱就留着过节好了。

祝你一切顺利，幸福！

妈妈、爸爸

十二月十二日北京（1977年）

春节来吧！爸爸又及

去年暑期，我买好去北京的火车票，但因唐山地震未能成行。今年暑假，因我工作处于变故中不便脱身，赴京计划再次落空。

此时，我刚刚被分配到一所学校教初中代数。事前，爸爸担心我

146

得不到满意的安排和因失去"高考"的机会而闹情绪。

1957年后，爸爸他们极少与人通信（但是，他们却在充当右派的三年间，定期向辽宁省委及有关组织书面汇报思想情况）。当时哥哥高中毕业刚考入海军学校，爸妈划右派后，专程去大连与海校领导表示：为了不影响子女前途，断绝父子、母子往来。直至1961年"摘帽"后才恢复通信，哥哥也于爸爸妈妈摘帽之前在学校入党。

从爸爸信中前后三次希望我能去他们身边的心情，我深深体味爸爸真的老了。他有了老年父母对子女的那种依赖爱，但又处于矛盾中，怕影响子女的事业。

年初，爸爸作《徙后概廿载古稀在望》：

> 迷离参公典，
> 月上借史迁。
> 群雄夺分秒，
> 庸慵不知年。
> 恨由老不死，
> 损寿益大贤。
> 长辞右邻壑，
> 逍遥天地间。

亲爱的玉儿：

四五两个月算是把我和你妈妈的材料弄完了。许多东西既要抄清，又要留底。因此，不但把你姐姐搅进来，为早日结束这个乱摊子，四月末又把你哥从汉口折腾北京来。这个月初终于由英、华替我交到中组部胡部长手里。他看过了我给他的长信之后。很快就将原件分送中组部老干局负责人办理。这个局是由胡部长亲自抓的单位，可靠可信。但他们也十分忙。"文化大革命"中的案子要优先处理，五七年的案子自然要靠后一些。特别是大而复杂的案子，即便排上号，短时间是难以落实的。只好安心等待。好在当前的政治形势很好，同时我们也看到了不可忽视的阻力。因此，我们也在做好与坏的两种前途和两种思想准备。望你的想法也同我们一样。事情有了初步眉目时，一定很快告知你，别着急。

你哥哥明天即返汉口，他回去还要备课。

大约十来天以前，接到董连芳同志小儿子孙宇来信。原来董到外地医院治病去了。我们托她起粮票的事，她曾嘱咐阿宇办理，这孩子没有照办。阿宇信中说，他已去粮站领全国粮票，粮站回答他现存全国粮票不多，让他过些时再去看看。至今结果如何尚无消息。如果粮站又要什么证明，阿宇或我会写信给你的。在阿宇来信之前，你哥哥已给大连王日昆（英的姻弟）写信去，让他到金州起粮票，以后也由他代办。你的地址已告诉了他。需要什么手续时，他会直接给你去信的。事情既已有了着落，你也不必着急了。

关于我们请求复查一事，除了告诉你三叔一声，先不必和别人讲。

工资已收到。教课忙吗？身体如何？在念。祝你一切顺利！

爸、妈

五月十五日（1978年）

"文革"结束，爸爸急切地期待有那么一天——重新审查他与妈妈的冤案。这时机，终于在他们有生之年等来了。

早在1957年冬，爸爸就写《十六字令·问》：

问，空谷回声声声闷，叩苍天，愧煞无神论。

问，乱世谁曾当大任？国际歌，冷对刀枪棍。

问，斧钺怎可甄逆顺？热血倾，支离碎方寸。

1958年作《一叶落》《清平乐·道情》《老马》之后，又写《清平乐·一曲》：

竹马患难，长歌红旗赞。本是一个世界观，可叹情割一旦。

一曲已断肝肠，再弹怎禁心伤。高山流水无似，角羽还待商量。

从当年这些诗章可以看出，此冤不申，此案不翻，他死不瞑目。

亲爱的玉儿：

你给华儿的信我已看到了。辽沈一带又发生一次不小的地震，这里至今还无人谈起。因此，当我看到信中情况时，不免震动了一下。联想到你那间小屋子是否业已改建加固？也联想到你又在跑地震预报，不得安定生活，不得专心搞教学工作了。这里没受到丝毫影响，也没有任何人知道这件事。现在人们已有经验，同时预报工作做得非常好。望你不必悬念。大连日昆那里已寄来一部分粮票。本来是不等着用的。只恐时间一长，粮站又要开证明，给你找麻烦。日昆收到证明后，他会把未领的部分领出来。我已嘱他今后一个季度去金州领取一次，免得为此往返奔波，耽误工时。

人间事总是难能完全如意的，每个人的一生都不能例外。你在工作上有了较前为好的安排，而你的婚姻大事仍迟迟未能如愿。目前，我们的事还无消息。人事算是尽了，一切也只可听从天命。沧桑变化五十余年，人还平安地活着，这就算是幸运；有些同志活活被"四人帮"折磨死，也不算什么稀奇。四个现代化需要奋飞猛进，国际、国内形势都不允许一板一眼按常规迈步子了。个人的事不妨慢慢来，只要有人管、在办，就好。哪怕做出个不尽随心的结论，也是好的。有些事你还不清楚，人事上的阻力是客观存在不容忽视的。我们相信"实事求是"这一条真理，大家也都在喊。现在一切革命活动，要看谁真是言行一致。大事小情都能照"实事求是"来办，也就有了政治上的保障。

据说五七年的事，要七月中旬开始全面着手处理。下文总会有的。廿多年都过去了，有什么着急的？

月初，辽宁文联来人约稿，说写什么内容都行。沈阳作协刊物筹备复刊，预定改名"十月"。来人说十日作协开会，邀请我们出席。都是好事，但目前状况都难从命，只能婉谢。六七月间，你姐姐可能去新疆招生，前站已先行。由于我们的拖累，去否还在犹豫不决。我赞成她去，一是这任务较重要，一是出去跑个把月可以散散心。

你三叔调动工作进行得如何？有无希望？甚念！

祝你一切好！

爸爸、妈妈
六月廿二日（1978年）

几年来，爸爸为我的"终身大事"操尽了心，我却一次又一次的令大家失望。然而，爸爸毕竟善解人意，到后来，他把焦急埋在心里，不像有些父母喋喋不休，徒增子女的压力。

亲爱的玉儿：

来信及工资早已收到。近来因身体不太舒适，迟迟没给你回信。望见谅。

你姐姐新疆之行已作罢，这是学院领导的照顾。她不出差就减轻了一些家务事。不久暑假就要到了，今年可能有廿天左右假期。但临时是否又有什么新任务，还不得而知。

越越升学问题大体可以解决。昨天他到一个重点中学考试，算术和语文两门试题，前者仍不够理想。虽然这之前请了两位同志给他补课，但这孩子的老毛病是一贯粗心大意，实在是"孺子不可教"。所幸这个中学是对外开放的中等学校，注重文体活动。考试前两天，老师听他拉了几段小提琴（是你姐姐陪他去的），老师非常满意。很可能把他编入文艺演出队，对考试成绩有个特殊照顾。过几天发榜时就落实了。

"写点什么和群众见见面"，你的建议是正确的。但我们头脑里的消极因素还未完全消除，因此志趣也不大。看起来大势所趋，不照办将是个错误。遗憾的是新的，无生活。只有借助于过去的废稿，回想我们还有两篇写小学教师的未曾发表的旧稿：一是在阜新时期，我写的一篇小说。一是我同你妈妈一块儿去鹿岛采访，而后合写的报告文学，题为《跨海访师记》。当时知识分子不吃香，特别是"孩子王"不被重视。因此这两篇东西也遭到同样的命运！文章已时过境迁，至今仍躺在箱子里沉睡不起。所幸，而今的政策可能唤之还魂的。有机会把它们交付什么刊物去裁决吧！也可以说是完成一项任务。

今夏，北京奇热。据说上海达40摄氏度高温，病倒了许多人。沈阳热吗？你的休克症状必须十分注意防暑，身边要带些防暑、急救药品。日常生活尤须有规律，饮食也要有一定的营养，马马虎虎就必然要伤身体。

你三叔近况如何？秋季开学能教课吗？甚念！写信时代为致意。

祝你一切好！

爸爸、妈妈

七月十六日（1978年）

附上购药报销单两纸，报销款万勿寄回。冠心苏合九是上海制的特效药，托人在上海买到的。报销是否有周折，一定如实告知我。

1952年年底，爸爸卸去行政领导职务归队搞创作。那时，他充满激情。1954年他随中央黄河流域查勘团（有苏联专家十数人参加）勘查黄河时，沿途所创作的一组二十余首古体诗词《黄河行》，是何等的气势磅礴，何等的催人奋进！

然而，此后一个又一个的政治运动，令他无从落笔。随之，他陷入更大的迷茫和痛苦中。1974年爸爸写《戏赠葛天氏》：

> 千里骏蹄百丈楼，
> 纵横三朝一钓钩。
> 诽谤木在空诽谤，
> 含羞草黄不含羞。
> 少壮虚情哀屈楚，
> 老大著意梦庄周。
> 风流自诩凌烟阁，
> 李广哧哧笑杀牛①。

我不知道此词戏赠何人，但他对某些骑墙文人的不屑却跃然纸上。

亲爱的玉儿：

你的信我们全收到了。可是我却不曾写回信。你期待回

---

① 牛：指鲁迅先生。

音的心情，可能同我朝夕想写几个字的心情一样烦躁；现在看来所有大事全落实了（只有你进电视大学的愿望未实现)①。而我的情绪还不如一切未落实之前那样平静，那样无所谓。这也许是即将开始的新生活，无法适应。廿多年以来，我们远远落后了，我们还停滞在封建时代忠臣孝子（感忠感孝）的精神境界。可是客观世界，却是一个建国即将卅年的社会主义的祖国。今天总结一下五十春秋的革命历程：贡献甚微，罪过特大……1957年问题是在春节前看到结论草稿。如复查小组所云，这是为了我们欢度一个春节。我们虽是外省人客居京城，春节前文艺界茶话会和除夕在人民大会堂举行的各界联欢晚会，也都送来请柬（我一个人出席了茶话会，联欢会我和你妈妈都未去）。复查结论的正式通知于二月中旬才先后送来签字的（与草稿无出入）。其内容是1958年定案各条（就是给胡耀邦同志的申诉信中那几条，你应该还记得）条条都推翻了，这叫作"属于错划，应予改正"，最后是撤销右派分子的政治结论，撤销开除党籍的决定。恢复党籍，恢复原级别（你妈妈原是文艺一级，我是行政八级），安排适当工作……

与此同时，沈阳分会也送来关于"文化大革命"时期，我们被诬陷遭迫害的彻底平反的书面决定。至此。廿多年的冤、假、错案。我同你妈妈各得两纸黄书，算是烟消雾散了！可是你妈妈却落个半残废，而我也将成了无用之人！

下一步是治病问题。前些日子辽宁派人来办理在京住院的手续。为了认真医治好你妈妈的病，在京的老同志为我们联系好友谊医院。只等高干病房空出床位，我们即可同时住

①　1978年，我在申请民办教师转公办教师的同时，考取沈阳电视大学。开学两个月后，公办教师资格审批通过。我放弃电大学习的机会，但心有不甘。

进去。病不治好，谈不上工作或写东西。我们一定认真医疗，你不必挂念！并把以上情况转达你三叔及姜叔为盼。

工资是作协办公室没有征求我的意见，就直接汇寄的。这是他们的好意，今后就照此办理算了，也省得你东奔西跑。

你给你姐姐改织的毛衣很合适。最近她为我们的事也忙得头昏脑涨。周洲也出了不少力。你什么时候才搬进新居呢？

《辞典》就寄给你。这东西还要改。

祝你工作顺利，生活幸福！

爸爸、妈妈
三月十五日（1979年）

1979年春节前，接爸爸拍来的电报：中组部口头通知平反结论，正式文件即日下发。这一年的春节，恐怕是二十多年来我们最欢快的节日。

春天，爸妈去青岛疗养院疗养。嗣后不久，爸爸心脏病复发，疗养院电催家属护理。哥哥、姐姐和我轮流陪住。

9月，返京住远东饭店，准备出席第四届全国"文代会"。会后，爸爸妈妈的关系调回中国作家协会。

亲爱的玉儿：

你十三日发的信，我于十七日才收到。上月四日我就出院了，可是烫伤结的痂，直到昨夜总算揭掉了。还剩制钱大一小块牢牢贴在肩胛上，虽说行动仍然不便，总比尺多长的一根棍子支在背后强多了。

你妈妈仍在住院治疗。病，略见好转。经大家商量，打算于五月初让她出院。那时的气温可能正常一些。因为房子还未落实，出院后还得回远东饭店。住在这儿等着分房子，看情况不会那么顺利。这是目前办事的一条规律，所以我也并不着急。你哥哥、周洲是三月八日飞回北京的。这之前已办完托运手续。"金纺"和小董阿姨都帮了大忙。金州剩残的东西，比你看过的情景还惨得多，一言以蔽之：全朽烂了。别的倒不可惜，只可叹几经洗劫幸能残留的那点点书籍和材料，如今全完了！你也会替我痛心。幸存的一张双人木床尚称完整，托运到沈阳给你留用，不知你取出没有？

我的"情绪"尚称正常。《诗刊》四月号发表了三首古体诗。据确息，《人民文学》将在五或六月发表我的一篇短篇小说。中国作家协会两个机关刊物，能够如此垂青实属不易。我打算在五月间给你三叔寄去几首古体诗，假如《新蕾》需要的话，我或可选一篇小说寄去。他和你未必了解我的心情，若不是上述两个刊物在先发表我的东西，我是不愿给你三叔找麻烦的。文艺界的情况仍很复杂，拿原则做交易的勾当还比比皆是，三中、五中全会以后收敛了一些，但多半是假象。"不得已而为之"罢了。能不慎乎！

从你这封信里让我看到你的自强心，或者名之曰战斗的韧性。年轻轻的应该生气勃勃地向前奔。希望、理想总是在前面，而不是在后边。不要唉声叹气，不要自怨自艾。像你现在做的那样，抓紧时机，努力学习，争取前列。

你建议我和你妈妈到沈阳待一阵子，好是好，怕是不能实现；主要原因是我们两个老朽，不能再干搅你的生活。

就写到这。替我问候你三叔，来信寄远东饭店。

祝你幸福，进步！

爸爸、妈妈

四月廿日（1980年）

1979年冬，妈妈因肺心病入友谊医院，由爸爸照顾。一天夜里，爸爸在饭店洗澡，突发心脏病晕倒在暖气片上，后背遭一尺多长、二三度烫伤。清醒后也被送进友谊医院。医生对爸爸开玩笑说："您由陪护晋升为病员。"爸爸后背揭下的一尺多长、一寸来宽、二三毫米厚的伤痂，我至今还保存着。

"文革"中，金州家里无人，暖气跑气兼自来水管子破裂，虽然家具全部毁坏，地毯也烂掉了，但爸爸最心疼的却是从北京带去的十个樟木书箱。妈妈曾对我说：（50年代）别人买房子，我们的钱都叫你爸爸买书了。"

亲爱的玉儿：

真是对不起你，一拖再拖廿多天才提笔写信。你鼓励我们什么，尚能记得一二。而你迫切要知道我们一些什么，则竟是无从记起了。自从出院以后，寄寓生活逐渐有了规律。感谢辽、黑两地老相识的热情帮助，为我们搜集了一部分残稿。最近算是初步整理完几个集子，但还需斟酌校核才能定稿。这几个月由于来信、来访较多，由于生活仍不能安定，影响许多想做的事，未能按时完成，其实这也是老而无能的表现。

今夏到外地疗养一事，肯定不可能了。原因之一是：约于七月底以前，将迁入所谓"过渡"的新楼。二是：七月当中（中、下旬）将接待葛浩文（美国人，加利福尼亚州大学中文系教授。谈东北作家）及辽宁大学文学系讲师陈震文来访（她准备给你妈妈写一篇作家论之类的文章）。再有我们过去一年多来，大半是在疗养院、医院中度过的。一生余年有限，所幸风烛尚存，争取时间尽力再做一些有益人民的事，或能不负此生！替我谢谢关心我们的同志吧。大连、哈尔滨两地的同志也是同样热情地为我们安排好了疗养住所，并屡次催促离京。怎么办，也只好婉言谢绝。命运如能缓期，明年再议吧。

你姐姐于上月末赴广西南宁观摩会演，本月中旬即可返京。教育部决定今年暑期部分小学师生参加夏令营。你是否参加这一活动呢？

祝你健康、愉快！

爸、妈

七月三日（1980年）

好事多磨。7月底爸妈并未住进"过渡"新楼，他们搬到北纬饭店。直至1982年仲夏"国管局"分配给他们木樨地24号楼的住宅，爸妈才算有了家，结束长达十五六年的漂泊生活。

玉儿：

你走后来了两封信，我未给你回信。你一定着急了，这是料得到的。我不爱写信的老毛病"屡教不改"理应受到谴责。

你妈妈病有转机，值得庆幸。而我却躺了廿多天，又患了肺炎。实在讨厌，弄得一家"锦上添花"。这件事还要瞒着你妈妈和你。现在风浪全已过去，两只破船还须向前航行。但愿老天保佑，平平静静再过上几年。否则，会把两个女儿搞垮的。

祝贺你在教学方面获得成绩；"夜大"学习也使先生满意。毕业以后走哪条路呢？搞教学？搞写作？时光不远，是将来的事。盼你正视现实，在年内一定把终身大事处理停当，千万疏忽不得！千万疏忽不得！向你老祖母及三叔问候，不另。

祝你一切顺利!

爸爸
五月五日（1982年）

妈妈又住医院了。近年来，妈妈几乎离不开医院。

1979年，我考入辽宁大学中文系"夜大"。白天上班，晚间和星期日上课，将在1983年毕业，爸爸为我毕业后的打算操心了。

王华臣同志及安置办负责同志并转省"五七干校"领导小组及辽宁省革命委员会毛远新、李伯秋同志：

十二月四日下午我持北京来电，请求返京探视白朗同志病，得蒙组织准假五天，甚为感谢。

我是乘五日七时四十一分41次直快，于当天夜十点半到达北京女儿家的。白朗同志的病正在发作。分娩不及半月的女儿一个人护理着她。这次病是我二日由京来沈办理迁移芳山一事的第三天复发的（这是今年来的第六次大犯），病情的严重程度甚于历次。三个人毫不能控制住她的活动，以致影响服药、注射和饮食。犯病的表面原因起于生活细节，其实则是由于十一月初以来，她发现组织上三个月（九、十、十一）未发工资（以前一直是瞒着她），且先后两次去电告急竟无回示，伤感交集于怀，并兼我远离她的身边而引起的。一九六九年十一月初在盘锦时，她的神经官能症复发的主要原因，是她因原十三连没有任何罪行根据把她送到专政队关了三个月，失掉人身自由。专政队违反毛主席的教导，用"逼供信"的手段对待她，并挨了专政队头头的打。而原十三连连长肖荣（这个人的历史出身和在"文化大革命"运动中的"左"右倾，以及他的生活、品质……我均有所怀疑。如果组织需要，我可提供书面材料）等又拒不肯给她做出全面的历史结论，企图一走了之……而引起的。今年一月间留沈等待安排时，病发原因是复杂的，其主要根源仍是她对住专政队一系列的遭遇耿耿于怀和组织上一再动员她退休一事使她难以理解，感到追随革命四十年结果却在社会主义祖国光芒万丈的毛泽东时代，被动退出革命队伍，感到晚年的生活黯淡无光……而引起的。此次发病，幸有北大医院孔大夫（近邻、女）给处方服药，并每天亲自给病人注射、针灸和护理。五至七日我日夜守着她，片刻不敢离开身边。后因强服最大量"冬眠灵"还不能使她停止狂语、打人、摔东西（手表、全口假牙都摔坏、摔断了）。病势越来越重，八日上午由孔大夫及其两个大孩子和我，用汽车把病人送到北京三院精神病科急诊。症状等是由孔大夫和我分别单独介绍的（医师让避开病人），限于环境并未介绍历次发病原因。经医师诊断后建议住院观察、治疗（见医师诊断书及处方笺）。我同意住院，但无本单位组织介绍信，医院不能破例收留。这样只好急电安置办火速寄来住院介绍信（及工资）。却不料朝朝暮暮苦盼十天音信全无，真是百思不得其解！

我不想、也不愿再唠叨这十余天的日子是怎样过的了。幸亏临近还有"一个高尚的人，一个纯粹的人，一个有道德的人……"白求恩的好学生——孔大夫。在白朗同志病情严重时刻，真正遵照伟大领袖毛主席的"一切革命队伍的人都要互相关心，互相爱护，互相帮助"的教导。她以一个全休病号之身，几乎夜以继日地守护在病人身边。按照京三院医师处方和医嘱，想方设法说服病人服药、注射、针灸和进食。同时还要给分娩未弥月的女儿治疗"肛旁疖肿病"，并照料初生婴儿。有时她的爱人（中央卫生部干部）和两个孩子当她的助手。尤其值得我学习的是她能用毛泽东思想开导病人，使病人从精神极端错乱中，略微恢复一些理智……此景此情感人至深！

目前，白朗同志的病，经不断治疗，精神略见稳定。打人、摔东西暂时虽已解除，但仍极不正常，稍不"顺情"，就有一触即发之势和潜在反复的可能。据此，我实在不放心、不忍心离开病人。虽然医生说得了严重的躁郁症（精神病的一种）不易彻底治愈，而且势必出现周期性发作，但我不能不牺牲一切，照料她到底，把她的病治好。只要有一线可能，只要尚有医疗的政治条件和经济条件，我绝不会、社会也不允许我置曾经革过命的同志，且同我有四十余年共患难、同生死的老夫妻于不顾的。何况如王化臣同志这次对我所讲的："白朗同志过去工作是有成绩的"，而她并不是某些极"左"者之流横加侮蔑的所谓"汉奸文人"呢！

根据白朗这次病症的恶性发展，使我感到组织上安排芳山的决定，以及我完全同意这一决定，而且已决意去沈迁芳山，是十二分不现实的，是只求暂时解决问题，而不顾实际困难后果的。将及一年来的痛苦体会证明，白朗同志病的好转与恶化，是不以客观意志为转移的。所谓依靠什么，往往也是靠不住的。病肯定时好时犯。迁芳山后我既无力为贫下中农服务，又怎样能觍颜在私人生活上"依靠"人家？身为"国家干部"，将何以解嘲？而只能给组织增加政治负担而已。因此，经数日反复思考，迁芳山镇对公对私都是害多益少。甚至对白朗同志的病，可能发生不可想象的恶果。瞻前顾后，还只有再次申请退休。我与白朗同志谁够退休条件，就批准谁。如果都不够退休条件，恳请准予退职。退职不是什么好事情，但出于无奈，也只好忍痛走这一条路了！

一封信断断续续写到这里，收到安置办十九日复电。令人失望和不解的是这封电报中，只字不提我九日去电请求速寄入院介绍信及工资事。安置办直接处理这件事的同志，不知你是怎么想的？又是怎么做的？一年来你关心过、问过白朗同志的病吗？她的病情安置办应该是一清二楚的。请求一纸入院介绍信，本是举手投足之劳，为什么竟这样困难？为什么竟置之不理？若不是事出急迫，何必打电报求助？精神病院不是精神正常的人随便住的，难道连这一点还要怀疑吗？既怀疑为什么不彻底调查调查呢？

如果安置办关心老弱病残的病痛和疾苦，那就不会前后三次（十至十二月）电请速发工资，而相应不理、置若罔闻。本月四日在沈时，我亲持白朗病犯，召我火速返京电报请假。也曾当面恳求王化臣同志发给我与白朗同志的三个月的工资，仍遭到拒绝（应该感谢安置办暂借我六十元路费）。这一连串事实说明了什么？说明安置办不是根据具体情况、具体人处理问题，而是抛开了用毛泽东思想教育人，单用经济手段来压服人。安置办连续扣发我们四个月（九至十二月份）的工资，理由何在？为什么偏在我们生活危难之际，一而再，再而三地向你们呼吁求助，你们竟能如此冷静，不闻不问，无动于衷呢？直到本月四日王化臣同志才向我说明拒发工资的理由是执行毛主席"八二八"命令。说什么未经安置的老弱病残，两个月不参加干校（安置办）学习班学习就以旷职论，旷职就得停发工资。伟大领袖毛主席的命令，必须无条件执行，必须无条件服从。但是（一）在本月四日以前，安置办可有任何同志，可有任何电、信，向我们告诫过干校从何时开始执行毛主席"八二八"命令？请心平气和、认真负责地查一查吧。对干部"不教而杀"，他又焉能收到应有的教训？（二）今年一月白朗同志在沈发病，她来北京治疗是组织批准的。我陪同来京护理她，也是经组织同意的。我们既已来京，又怎能分身参加学习班？果能明查事理，怎能逻辑到旷职之列？（三）今年一月干校决定我们仍留金州镇旧居（从一九六二年冬我们就在金州镇）。当时，这一决定既符合安排老干部、老弱病残的方针，同时，又照顾了白朗同志的特殊病症（大连有亲属，可以帮点忙）。这样，我们就把三年"文化大革命"期间，临时寄居旧作协机关时从金州陆续带到沈阳的行李、衣服和生活用具，全部又运回金州镇旧居。不料四月下旬去沈安置办办理退休（一月动员我们退休，安置办并要去退休申请书和照片）时，竟意外碰到两个变化：（1）不能退休了，另按老干部、老弱病残安排；（2）即速从金州镇迁移复州城。于是我毫不犹豫地返京取了钥匙。安排了病人，回金州办理迁移，捆扎行李、家具起运复州城。车到瓦房店由安置办派来帮助迁移的人与县革委会取得联系时，人家竟不知有这么一回事。说事先安置办并未与县革委会联系过，因此拒绝我迁复州城。经一天交涉不得结果，只得于翌日原车返金。重上户口，行装、家具等原封暂寄金州镇旧居，待命新的安排。这时候安置办孙同志由沈来金，我问他新的安排是否很快就能定下来。他回答：不可能很快，说不定要等一两个月以后。同时，孙同志对我说：关于地点问题，自己可以提出意见，可代转达。因此，我对孙同志谈了几点意见（详见给张连德同志的信）。在我离金前并写了一封较长的信给张连德同志，请安置办重新安排时，考虑我的意见。既然新的安排需在一个月以后，金州镇旧炉灶已全部拆除，生活食宿极为困难。况且白朗同志的病无人照顾，我势必去京。路经沈阳时，我认为迁复州城未果一事，有必要向张连德同志当面汇报；今后安排问题，也有必要当面讲清楚。彼时，张连德同志只是简短回答：意见可以考虑，新点落实可能比一两个月更长些。并没有让我留沈参加学习班，这样做是合乎实际、近乎人情的。试问，如留我在沈参加学习班等待安置落实，那么两三月长的时间，让我住在何处呢（当时安置办连招待所全撤销了，我数次去沈办事，不得不自己找宿）？不同意我去京，让我到哪里去呢？长期丢下病人无人护理，一旦她发生不测，我向谁负责？谁向我负责呢？

这次经过王化臣同志的提示，我才理解六、七、八三个月的工资，为什么经过三番五次的请求、交涉，费了许多唇舌之后才如数发给。是不是安置办从那时候就已执行了毛主席的"八二八"命令了呢？如果这设想是肯定的，那就无怪乎九至十二月份共四个月、计两个人的工资死死扣住不发了。可是让我们负什么罪咎呢？

现在我不想再重复我们的困难处境了。只企待安置办派同志来京亲做调查、了解，然后再酌情考虑我上面提出的申请退休或退职的意见。至于工资如何处理问题，我们仍能耐心等待安置办的决裁，据此，我们也可以重新安排我们的生活命运。希望不再把如今苦难的处境带到一九七一年。此外请求两点：

（一）希望能把白朗同志入北京三院精神科的介绍信寄来或带来。

（二）关于工资问题的最后处理能给我们一份书面决定。

最后，望批评、指教。

敬祝伟大的领袖毛主席万寿无疆！

罗烽

一九七〇年十二月廿二日于北京